AI와 물 관리

AI문고

인공지능 시대입니다. 기계가 인간의 인지를 대신하고, 사물이 인간을 통하지 않고 다른 사물과 직접 커뮤니케이션합니다. 이에 따른 인간 삶과 문명 변화를 정확히 이해 · 예측 · 대응하는 것은 이 시대 우리 모두의 과제입니다. AI문고는 인공지능 기술과 환경의 여러 주제를 10가지 키워드로 정리합니다. 관련 개념과 이론, 학계와 산업계의 쟁점, 우리 일상의 변화를 다룹니다. 인간과 기술의 현재, 미래를 세심히 분석합니다.

일러두기

- 인명, 작품명, 저서명, 개념어 등은 한글과 함께 괄호 안에 해당 국가의 원어를 병기했습니다.
- 외래어 표기는 현행 어문규정의 외래어표기법을 따랐습니다.

AI와 물 관리

김성훈

대한민국, 서울, 커뮤니케이션북스, 2025

AI와 물 관리

지은이 김성훈
펴낸이 박영률

초판 1쇄 펴낸날 2025년 4월 28일

커뮤니케이션북스(주)
출판 등록 2007년 8월 17일 제313-2007-000166호
02880 서울시 성북구 성북로 5-11
전화(02) 7474 001, 팩스(02) 736 5047
commbooks@commbooks.com
www.commbooks.com

ISBN 979-11-7307-975-7 03500

책값은 뒤표지에 표시되어 있습니다.

차례

AI 기술 진화와 지속 가능한 물 관리의 교차점

AI와 물의 공통점이라면 오늘날 우리 주변에서 점점 흔하고 당연시되어 특별함을 느끼지 못한다는 점, 아울러 그럼에도 불구하고 매우 중요하게 여긴다는 점이라고 생각할 수 있다. 한편 AI에 대해서는 지속적으로 발전할 가치가 있는 것으로 생각하지만, 지구 안에서 끊임없이 순환하는 물에 대해서는 과연 우리는 얼마만큼 그 중요성을 인식하고 있을까?

물은 만인이 주지하듯 우리의 생존에 필수적인 동시에 문화를 형성한 요소이자 사회적 안정에 필수적인 다면적 자원이다. 그러나 우리는 정작 물이 어떻게 움직이고 변화하는지에 대해서는 사실 잘 알지 못한다. 찻잔을 휘저을 때 발생하는 작은 소용돌이, 배 주변을 맴도는 난류, 복잡한 도시를 가로지르는 하천의 흐름, 바다 위를 흐르는 해류, 그리고 이들이 증발하여 대기로 올라갔다가 비와 눈으로 되돌아오는 순환 과정에 이르기까지, 물의 운동은 시시각각 그 형태를 바꾸고, 다양한 상호작용

속에서 복잡한 패턴을 형성한다. 그 난해함을 여실히 보여주듯, 물과 같은 유체의 흐름을 완전한 수학적 방정식으로 해석하는 것은 현대 수학이 제시한 7대 밀레니엄 난제 중의 하나일 정도로 미해결 과제로 남아 있다.

이러한 상황에서 우리 모두는 기후 변화로 인한 복잡해지는 물 문제 악화에 직면하고 있다. 극단적인 기후 양상으로 일부 지역은 빈번한 홍수로 인한 인명과 재산 피해가 증가하고, 일부 지역은 지속적인 가뭄으로 경작지가 황폐화되어 식량 안보까지 위협받을 수 있다. 빙하 감소로 인해 담수량이 줄어들고, 해수면 상승으로 인한 염수 침투와, 과도한 지하수 개발로 인한 수자원 고갈 문제도 곳곳에서 발생하고 있다. 이러한 변화는 지역적 차원을 넘어 국제적 갈등과 분쟁을 야기할 수 있기에 물은 바야흐로 단순한 생존 자원이 아닌 복합적인 정치 · 경제 · 사회 · 문화적 가치를 내포한 공동 재화로 폭넓게 재인식되고 있다. 이처럼 복잡하게 얽힌 문제를 해결하기 위해 UN 등 국제기구들은 전 지구적 협력을 강조, 각국으로 하여금 물 안보 교육, 연구, 역량 강화 프로그램을 통해 지혜를 모으도록 촉진하고 있다. 이에 국제 사회는 전 지구적 정책 조율, 기술혁신, 빅데이터 공유, 인식 전환 등의 노력이 필수적이라는 관점을 공동 인식하고 디지털과 AI 활용 같은 새로운 패러다임 전환을 적극적으로 모색하는 중이다.

구글(Google)과 마이크로소프트(Microsoft) 등의 소위 빅테크 기업들도 AI를 통해 기후 변화와 물 문제를 해결하려는 움직임을 보이고 있다는 점은 특히 주목할 만하다. 물 관리는 기후 변화 대응의 핵심적인 요소로, 글로벌 차원에서 해결해야 할 '메가 프로젝트'로 간주된다. 그러한 점에서 이들 기업들의 관심과 책임감 있는 행동은 자연스러운 흐름으로도 볼 수 있다.

아울러 글로벌 AI 기업들의 포부는 이렇게 추측할 수 있다. 첫째, 증가하는 물 사용량, 특히 데이터 센터와 같은 AI 핵심 시설에서의 물 사용량 증가에 대응하기 위해 효율적인 관리 방안을 모색하는 것. 둘째, 전 지구를 대상으로 수문학적, 지질학적, 환경적인 정보뿐 아니라 물과 연관성이 높은 사회적, 경제적 정보를 포함한 빅데이터를 포괄적으로 수집하고 분석하여 새로운 통찰을 도출하는 것. 셋째, 전 지구적 차원의 거대한 도전 과제에 대응한다는 명분과 함께 다양한 이해관계자와 협력함으로써 대규모 투자를 창출할 기반을 마련하는 것. 넷째, 빅데이터와 AI 기술을 활용한 고난도의 예측 및 분석을 통해 물 관리 등 자연현상이 내재된 해석과 예측에서 불확실성을 제거하거나 최소화하는 연구를 지속하는 점 등이다.

지구상의 물의 총량은 거의 변하지 않는다. 그렇지만 AI의 원천으로 여겨지는 데이터의 규모는 지속적으로 증가하고 있다. 이를 한 번 비교해보자. 지구 표면적에서 물이 차지하는 면적은 약 71%이고, 질량의 비로는 지구 전체 무게의 0.02%에 불과하지만 1.4×10^{21}kg 정도로 추정된다(대부분은 바닷물이다). 현시점에서 양자역학의 세상을 고려치 않는다면, 0 또는 1로 표현될 뿐인 데이터의 크기를 숫자가 아닌 물리적 단위로 바꾸는 것은 실제로는 불가능하지만, "It from bit(비트에서 존재로)"라는 이론과 물리학을 연결하는 사상적인 개념(Wheeler, 1998)에서는 데이터의 최소단위인 1비트(bit)를 관리하는 에너지로 환산할 수 있다고 한다. 이를 우리가 익히 알고 있는 $E=mc^2$(아인슈타인의 에너지-질량 등가원리)에 대입하고, 현재 기준 전 지구상의 추정 데이터의 총량인 175제타바이트(zeta는 10의 21제곱)에 적용하면, 1.5×10^{-16}kg이 된다. 현재 시점에서 데이터의 가상적 무게는 일반적인 세균 한 개의 수십 배에서 천 배 정도 가벼운 정도인 것이다. 다만 생각해볼 문제는 데이터 수의 지속적인 급증이다. 알려진 대로 지구상의 데이터 수는 매년 20~25% 정도씩 증가한다고 하는데(Statistica, 2024), 현재 사람의 감각으로 느낄 수조차 없는 가벼운 데이터의 무게는 현재 비율로 증가할 경우, 지구상 전체 물의 무게에 도달하는 시점은 향후 약 380년 정도에 불과하다고 한다. 물론 단순히 질량보존의 법칙 등을 감안하더라도 실제로 데이터의 무게가 지구상의 물의 무게를 넘어가는 일은 없을 것이다. 반면, 기후 변화 시나리오는 향후 단 80년 후의 물 관리의 미래에 대해서도 안전하다고 말할 수 없다고 한다. 10년 전 파리협정(Paris Agreement)에서 국제적으로 합의된 산업화 이전 수준 대비 지구 온도 상승 억제 목표치인 1.5℃는 다수의 연구에 따르면 현재 시점에서 향후 수년에서 수십 년 안에 도달하게 될 것으로 예측되고 있다(World Meteorological Organization, 2024). 단순하게 생각하더라도, 지구상의 물의 총량이 변하지 않는 상태에서 평균온도의 상승은 증발을 촉진하고, 지역적 가뭄을 심화시킨다. 증발된 다량의 수증기는 구름으로 전환되었다가, 어딘가에 지금보다 더 강한 폭우를 일으킬 수 있다. 더욱이 데이터 중심의 AI 보편화 사회로 전환됨에 따라 데이터 센터 등 관련 시설의 급증은 그 자체로 데이터 서버의 냉각수 증발을 심화시킬 수 있고, 막대한 양의 전기 에너지를 소비하며, 그만큼의 탄소를 배출함으로써 기후 온난화에 지대한 영향을 줄 소지가 다분하다.

그러므로 디지털 전환과 AI 발전이 물 분야에 미칠 실질적이고 잠재적인 문제점들을 극복하기 위해서는 AI를 선도하는 빅테크 기업들의 물 관리에 대한 기여도 필요하지만, 더 근본적으로는 첨단 AI 알고리즘을 개발하거나 공유하는 것에 그치지 않는 다양한 세부 노력이 필수적이다. 즉, 지역 특성에 맞는 전략적 접근과 교육, 상호간 정책적 자문, 선진국의 개도국 역량 강화 프로그램, 국제 표준화된 데이터 공유 체계, 이에 더해 신뢰성 있는 법적 · 제도적 틀을 마련하는 종합적 노력이 필요하다. 이러한 기반을 조성함으로써 각국과 각 지역은 고유의 사회 · 경제 · 문화적 여건에 적합한 AI 기반 물 관리 혁신을 수용하고 적용할 수 있다. 결국 안정적이고 지속 가능한 물 관리 패러다임의 구축은 국제적 협력, 지식 공유, 상호 학습의 토대 위에서 성공할 수 있을 것으로 기대된다.

물 관리를 위한 AI적 접근의 확대 가능성

이제 하루가 다르게 변모하는 AI 기술의 진화를 매일 뉴스로 접하는 시대가 되었다. 특히 사전 훈련된 생성형 AI

의 경쟁적 발전으로 인한 변화 속도는 너무나 빨라서 일반인은 체감할 수조차 없는, 심지어 전문가들조차 능가하는 능력을 보여주고 있다. 이는 세상에 공개되거나 공유된 – 또한 부지불식간에 우리가 제공한 – 모든 데이터를 대부분 포함하고 있기에 당연한 일이기도 하다. 다행히 시간이 흐르면서 사람들은 이에 대한 두려움보다는 일상에서의 활용 가치로 접근하는 면이 증가하고 있는 추세이다. 말하자면 AI를 활용한 맞춤형 대화용 검색도구로 쓰인다고 할 수 있다. 이 도구를 활용한 생산성 향상은 말하자면 내연기관의 발명에 따른 마차의 소멸 같은 것으로, AI와 빅데이터를 기반으로 한 4차 산업혁명의 시작이라고 할 수 있다. 4차 산업혁명의 핵심 기반 기술 중 하나는 통신과 인터넷으로, 통신은 1876년 유선 전화의 발명 이후 대중화되기까지 수십 년 – 1990년 초반까지 130만 대에 불과 – 이 걸린 반면, 휴대전화는 1980년대 상용화된 이후 비교적 짧은 기간 내에 전 세계적으로 빠르게 보급되었다. 우리나라의 경우, 1984년 상용서비스 이후, 단 15년 만에 2600만 명이 가입하였다.

이러한 관점에서, 상하수도 시스템, 정수장, 댐 등 물관리의 물리적 인프라는 이미 상당 수준 구축되어 있으며, 오픈소스 생태계 등 개방적인 AI 소프트웨어 기술의 융합은 비교적 용이한 편이라고 할 수 있다. 또한 수질, 수량, 기상 등 물 관련 데이터는 전 세계적으로 비교적 다양한 방식으로 수집되고 있으며, 데이터 접근 용이성은 물 관리 분야에서의 AI의 개발과 활용 등 확산 가능성을 높이고 있다.

따라서 AI와 빅데이터 기술을 기반으로 한 물 관리 전략은 현재의 기후 위기와 향후 더 심각한 상황일 미래에 대응하는 주요한 접근법으로 빠르게 자리 잡을 여지가 있다. 그러므로 급가속 중인 디지털 기술의 변화는 물 순환 같은 지구과학의 영역은 물론, 수 처리와 같은 물리학적, 화학적, 다양한 물 관련 공학적 접근에서 새로운 전환을 요구한다고 할 수 있다. 그렇다면 기존의 물 관리 영역의 한계점들은 무엇일까?

먼저, 기존의 물리 모델링과 수치 해석 기법은 21세기 과학과 엔지니어링 차원에서 일정 한계가 존재한다. 즉 계산 능력, 긴 연산 시간, 불확실한 입력 데이터로 인해 복잡하고 예측이 지난한 물 환경에 즉각적으로 대응할 수 없는 난관이 존재한다. 말하자면 전통적인 물 관리 접근법 중의 하나는 재해 혹은 수질 확보에서 안전성의 가치를 최우선으로 하여 넓은 운영 마진을 확보하는 식으로 예측의 불확실성에 대응하는 것이었다면, 수리-수문

-수질 모니터링 데이터를 바탕으로 한 모델링과 시뮬레이션은 훌륭한 분석 도구였지만, 최종 의사 결정을 완벽하게 보장하지는 못했다.

더욱이 기후 변화, 인구 증가, 도시화, 산업화로 인해 물 관리자가 고려해야 할 변수와 상호작용이 기하급수적으로 증가하면서, 방대한 양의 데이터를 신속, 정확하게 처리하고 최적의 의사 결정을 내리는 것은 전통적 방법론만으로는 한계에 부딪히게 되었다. 이러한 제약을 점진적으로 해소하는 데에는 데이터 기반의 AI 기술, 딥 러닝, 머신 러닝 기법의 발전이 절대적인 기반을 제공하고 있다. 이미 여타의 과학기술 및 산업 분야에서 충분히 입증, 적용되고 있는 핵심적이고 보편적인 AI 알고리즘은 물 관리에서도 동일하게 작동한다. 예를 들어, AI 기반의 분류 알고리즘은 방대한 데이터 속에서 기존의 기법으로는 도출하기 어려웠던 핵심 패턴과 선택지를 효과적으로 식별하며, 다양한 머신 러닝 기법이 물 관련 입력 데이터와 목표 출력 간의 복잡한 상관관계를 정밀하게 해석하는 데 활용된다. 또한, 이미지 인식 기술은 현장의 상황을 신속, 정확하게 파악하거나 인간이 현장에서 감시하는 과정을 대체하고 있다. 더불어, 딥 러닝 기반의 인공 신경망은 복잡한 패턴 인식과 예측 모델 구축에 활용되고 있고, 시계열 예측 기법은 기상, 수위, 유량 등 시간에 따라 변화하는 데이터를 분석하고 물 재해 관리를 위한 기초 데이터를 제공할 것이다. 클러스터링 및 이상 탐지 알고리즘은 비정상적 상황을 조기에 감지, 신속한 대응을 가능하게 하고 있고, 기존의 과학기술 기반의 최적화 알고리즘은 AI 기반의 학습과 데이터로 강화되어 제한된 자원 내에서 최적의 운영 전략을 수립하는 데 활용되고 있다.

이미 사물인터넷(IoT) 센서, 위성 관측, 드론 촬영, 유량계, 수질 측정기, 정수 · 하수 처리 시설의 운영 기록 등에서 방대한 양의 데이터가 생성되고 있으며, 이를 AI 알고리즘으로 처리함으로써 기존의 통계적 자료나 물리적 속성을 반영한 수학적 모델에서는 파악하기 어려웠던 비선형 패턴 및 복잡한 상호관계를 추적하고 있다. 이를 통해 홍수 예측 모델은 실시간 강우량과 수위 변동을 종합 분석하여 보다 정교한 조기 경보를 내놓을 수 있고, 가뭄 관리 시스템은 토양 수분 상태, 기상 예보, 댐이나 저수지의 저수량, 물 수요 동향을 종합 검토하여 농업에서의 관개 스케줄을 최적화하여 농업 생산성과 용수 활용의 효율성을 동시에 끌어올리고 있다. 이러한 예측 및 최적화 능력은 정수장 운영의 효율화, 에너지 사용의 절감, 물 공급용 파이프라인의 누수 탐지, 수질 오염원의 추적, 수 처리 공정의 개선 등 물 관리 전반에 적용될 수 있다.

이 책의 구성

이 책은 우리가 직면하고 있는 다양한 물 문제를 해결하기 위해 AI가 어떤 역할을 할 수 있는지에 대해 다각도로 접근하고자 한다. 우선 글로벌 물 문제의 해결을 위한 AI의 물 분야 도입 현황을 공공적 측면과 산업적 측면에서 살피고(1장), AI 기반 물 재해 예측과 대응 및 이를 위한 데이터의 융합 방향을 다룬다(2, 3장). 다음으로, 물 관리 AI가 다양한 물 관리 영역에서 어떻게 활용될 수 있는지 사례를 중심으로 논한다(4~7장). AI와 물 관리의 연결에 필요한 제도 변화와 한계점, 그리고 아직도 유효한 인간의 역할을 고찰하고(8, 9장), 마지막으로 AI 시대 물 관리의 미래상 제시를 통해서(10장), AI가 물 관리의 전 과정에 적용됨으로써 실질적이고 지속 가능한 해법을 제시하는지를 종합적으로 이해할 수 있도록 하고자 한다. 궁극적으로는 우리 모두와 나아가 후세대에 이르기까지 안전하면서도 공정한 물의 이용이 가능하도록 AI와 물 관리의 연결점을 탐색할 수 있는 마중물이 될 수 있길 바란다.

지구 표면의 약 71%가 바다로 덮여 있고, 97% 이상의 물이 해수와 빙하로 존재하지만, 이 책에서는 우리 생활과 밀접한 육지에서의 물 관리(지표수와 지하수)를 중심으로 다룰 것임을 밝혀 둔다.

참고문헌

기후 변화행동연구소(2021). [ICCA 카드뉴스 #81] 그래도 지구온난화를 1.5도씨 이내로 억제하려면. https://climateaction.re.kr/news04/827178

Statista(2024). Volume of data/information created, captured, copied, and consumed worldwide from 2010 to 2025. https://www.statista.com/statistics/871513/worldwide-data-created/

The Korea Times(2011). Century of Change: How Korea Has Become the World's Most Wired Country. https://www.koreatimes.co.kr/southkorea/20110130/century-how-korea-has-become-worlds-most-wired-country

Wheeler, J. A.(1998). Information, Physics, Quantum: The Search for Links. In A. Hey(Ed.), *Feynman and Computation: Exploring the Limits of Computers*(pp.309-336). CRC Press, https://www.taylorfrancis.com/chapters/edit/10.1201/9780429500459-19/information-physics-quantum-search-links-john-archibald-wheeler

World Meteorological Organization(2024). *State of the Global Climate 2023*. APEC 기후센터 옮김(2024). 2023년 전지구

기후현황 보고서. https://library.wmo.int/idurl/4/68930

01
글로벌 물 문제와 AI, 그리고 기업들

점점 심각해지는 기후 변화 속에서 물 관리는 인류의 지속 가능한 발전을 위한 핵심 과제로 부상했다. 2023년 UN 물 회의(Water Conference)는 물 안보와 지속가능발전목표(SDGs) 달성을 위한 데이터 기반의 혁신적 접근을 강조했다. AI, IoT 등 디지털 기술은 기후 변화에 대응하는 효율적인 물 관리 시스템 구축의 핵심 동력으로서, 선진국과 물 분야의 글로벌 선도 기업뿐 아니라 글로벌 빅테크 기업들도 적극 참여하여 전 지구적 물 문제 해결에 기여하고 있다는 점을 살폈다.

디지털 시대, 물의 위기

> 인류는 더 이상 지구 온난화 시대에 살고 있지 않다. 이제 우리는 지구가 끓어오르는(boiling) 시대에 접어들었다.

2023년 7월, 유엔(UN) 사무총장 안토니우 구테흐스(Antonio Guterres)가 선언한 지구 온난화 종식(열대화로의 전환)경고는 기후 변화가 초래한 환경 위기가 심각한 전환점에 도달했음을 명확히 보여준다. 극심한 폭염, 빈번한 홍수와 가뭄, 해수면 상승, 녹아내리는 빙하, 식수 부족과 생태계 파괴는 더 이상 미래의 상상이 아닌 현재 진행형의 현실이다. 이러한 상황 속에서 인류는 지속가능발전목표와 생존을 위한 핵심 인프라로 물 관리 전략을 전면 재검토해야 하는 필요성에 직면하였다.

UN은 매년 다양한 글로벌 이슈를 다루는 주요 컨퍼런스를 개최하지만, '물'을 주제로 한 메인 컨퍼런스는 매우 드문 일이었다. 무려 46년 만인 2023년 3월, UN은 전 지구적 차원의 물 문제를 집중적으로 논의하는 대규모 국제회의를 열어 인류가 직면한 기후 위기 속에서의 물 관리의 중요성과 시급성을 다시금 각인시켰다. 이 회의에서 글로벌 물 안보(Water Security)와 지속가능발전목표를 뒷받침하기 위한 "물 행동 의제(Water Action Agenda)"를 채택, 국제 행동 10년(International Decade of Action)인 2018~2028년의 중간점에서 목표와 전략을 재점검하고 재정비하는 계기를 마련했다.

UN의 2023년 물 회의는 각국 정부, 국제기구, 시민단체, 연구기관, 기업 등이 재정, 협력 프로젝트, 행동 계획을 제출하고 디지털 기술과 AI를 비롯한 혁신적 접근을 통해 글로벌 물 위기를 극복하려는 강한 의지를 천명한 계기였다. 그 중심에는 데이터가 중요한 역할을 담당했다. 총 837개의 공약을 통해 데이터 활용의 중요성을 강조한 "물 행동 의제"는 사물인터넷(IoT), 실시간 데이터 플랫폼 등을 활용한 수질, 수량, 사용 패턴 추적을 필수적인 요소로 제시했다. 일례로, UN 산하의 유네스코(UNESCO)는 국제인공지능센터(IRCAI, International Research Centre on Artificial Intelligence)를 지원하고 있는데, 이 기관에서 운영 중인 Water Observatory라는 플랫폼은 ESG(환경, 사회, 거버넌스) 지표와 물 자원을 AI 기반으로 모니터링하면서 전 지구적 지속가능발전목표(SDGs, Sustainable Development Goals)의 실천을 지원하고 있다. AI를 기반으로 한 이러한 접근은 물을 공공재이자 미래 세대를 위한 공동 자산으로 재인식하고, 지속 가능한 발전을 위한 기반으로서의 물 안보를 강화하려는 국제사회의 집단적 노력을 반영한다.

물 관리 진화의 기회로서의 AI

기후 변화, 인구 증가, 도시화, 산업화 등의 복합적 요인은 기존의 물 관리 방식의 한계를 노정한 측면이 있다. 극단적인 강우 패턴, 빈번한 홍수와 가뭄, 해수면 상승, 빙하 감소, 수질 오염 등 글로벌 차원의 물 문제는 더는 지역적 대응만으로는 해결하기 어려운 난제들이다. 이에 비록 분야별로 분산되어 있기는 하지만 지속적으로 축적된 전 지구적 데이터와 첨단 데이터 수집·관리 기술을 융합하여 활용하는 주요 수단으로서 디지털 전환(Digital Transformation)이 필수 대응 전략으로 부상했다. 디지털 전환은 단순한 전산화나 디지털화를 넘어 AI를 비롯한 IoT(사물인터넷), 클라우드, 빅데이터, 디지털 트윈, 엣지 컴퓨팅 등 첨단 기술을 활용, 물 관리 운영 방식과 서비스 구조를 근본적으로 혁신하는 과정이다.

산업적 측면의 수치를 살펴보면, 전통적인 물 관리는 연평균 성장률이 3% 수준인 것에 비해서 디지털 물 관리 시장은 연평균 9% 이상의 빠른 성장이 예상된다

(Bluefield Research, 2024). 선진국의 경우, 전통적인 물 관리 시스템이 노후화되어 이를 디지털 솔루션으로 현대화하고 효율성과 신뢰성을 향상해야 할 필요성이 커진다. 더불어 물 관리 부문 종사자의 퇴직 증가 등으로 인력이 감소하거나 자연적으로 절감됨에 따라 전문 지식의 전수 및 보존에 한계와 공백이 발생하고 있어, 이를 AI를 활용하여 보완할 필요성도 대두되고 있다. 반면에 개발도상국의 경우에는 물 재해 관리나 물 부족 여건을 개선하기 위한 신규 물 관리 인프라의 필요성이 크기 때문에 새로운 기술을 접목한 물 관리 시스템을 도입할 가능성이 높다.

김준하(2020)는 물 관리에서 데이터 중심 비즈니스와 디지털 기술 융합 관리가 새로운 "디지털 가치 사슬(Value Chain)"을 형성하고 있다고 제시했다. 이는 효율성뿐 아니라 스마트 시티 개념 같은 미래 인구 구조에 적합한 주거지로서의 도시의 지속 가능성까지 개선하는 혁신적 변화를 의미한다. 이러한 흐름은 이미 선진국을 중심으로 신속하게 확산 중이다. 독일의 "German Water Partnership"은 민관 협력을 토대로 통합 물 관리 솔루션을 개발했고, 'Water 4.0'을 통해서 가상물리시스템(CPS, Cyber-Physical System)을 적용해 유연하고 경쟁력 있는 물 관리 체계를 실현 중이다. 대만은 2002년 가뭄을 계기로 타이페이 수도국에서 스마트 미터링(AMI)과 센서 기반 모니터링을 도입, 물 부족 문제 예방에 성공했다. 영국의 SWAN(Smart Water Network Forum)은 디지털 트윈 기술로 누수 탐지, 수질 관리, 펌프 스케줄 최적화 등 다양한 영역에서 효율성을 극대화하고 있다.

미국에 본사를 둔 다국적 기업인 자일럼(Xylem)은 최근 이러한 글로벌 스마트 워터(Smart Water) 시장을 선도하는 기업 중 하나다. 펌프, 수 처리, 계측기기, 분석 솔루션 등 광범위한 물 관련 기술 포트폴리오를 갖추고 있다. 이 기업은 빅데이터와 AI 기술을 결합한 수자원 관리 솔루션을 통해 환경적 · 경제적 비용을 절감하고, 효율적인 물 관리를 지원한다. 국제물협회(IWA, International Water Association)와 자일럼은 빅데이터와 AI를 활용한 관망 관리 및 고객 참여 시스템을 통해 노후 인프라 개선, 기후 변화 대응, 물 부족 및 재해 관리에 대한 효과적인 해법을 제안했다.

국제 물 산업 시장의 전략적 분석을 제공하는 저명한 출판사이자 플랫폼인 GWI(Global Water Intelligence)는 디지털 기술을 적용함으로써 음용수 처리 · 공급 분야에서 연 340억 달러, 폐수 처리 분야에서 연 200억 달러 이상의 비용 절감을 기대할 수 있다고 분석했다. 세계경제포럼(WEF, World Economic Forum)도 물 관리 디지털화를 4차 산업 혁명의 핵심 과제로 선정함으로써 물 산업이 SDGs 달성에 전략적으로 기여할 중추적 잠재력을 지녔음을 재확인했다. 물은 이처럼 전통적 공공재에서 디지털 기술로 재편되면서 새로운 산업적 가치를 부여받았고, 기술 혁신과 공공성, 지속 가능성을 동시에 담보하는 핵심 자원으로 인식이 전환되고 있다.

글로벌 물 기업의 AI 융합 사례들

AI 기술은 방대한 데이터 분석과 예측을 통해 물 관리 시스템을 최적화하고 효율성을 높이는 중요한 역할을 맡고 있다. 기존의 물 관리 시스템이 주로 사후 대응에 집중되었다면, AI 기술이 도입되면서 예측적 유지 보수, 누수 감지, 실시간 홍수 예측 같은 예방적 접근 방식으로 전환되고 있다. 상업화된 AI 기반의 물 관리 사례는 다음과 같다.

미국의 물 · 환경 기업인 제이콥스(Jacobs)는 전통적인 물 산업 엔지니어링의 선두주자 중 하나이다. 이들은 그동안의 경험을 바탕으로 싱가포르에서 세계 최초로 전체 폐수 처리 시설을 대상으로 디지털 트윈을 구축했고, 미국과 영국의 여러 시설에서 스마트 센서와 AI를 활용, 하수 범람을 줄이는 데 성공했다고 밝혔다. 또한 이들은 영국 환경청과 협력해서 클라우드 기반의 플랫폼을 개발하여 실시간 홍수 예측 및 태풍 시 의사 결정을 개선하는 데 기여했다. 최근에는 방위 산업 분야에서 AI 플랫폼을 제공하는 것으로 잘 알려진 기업인 팔란티어(Palantir Technologies)와도 전략적 파트너십을 체결, 물 및 폐수 처리 시설의 운영 및 유지 보수 비용을 절감하는 데 주력하고 있고, Foundry와 AIP라고 명명한 AI 플랫폼을 활용하여 물의 전체 수명 주기를 최적화한다고 한다. 또한 Water Research Foundation의 지원을 받아 폐수 처리 운영을 최적화하는 예측 디지털 도구를 개발하고 있으며, 고급 모델링 기술을 활용하여 폐수 재이용 시설에서 오염원인 영양염류 관리를 최적화하는 AI 기반 제어 소프트웨어 도구를 개발하고 테스트하고 있다.

또 다른 미국의 상장 기업인 테트라테크(Tetra Tech)는 자동화, 데이터 분석 및 시스템 최적화를 위한 디지털 도구를 사용하여 고객의 복잡한 물 관리 문제를 해결하는 AI 기반 솔루션을 제공, 고객이 물 및 폐수 시스템 프로세스를 최적화하고 필요한 유지 관리를 예측하거나 시스템의 성능을 개선할 수 있도록 지원한다. 자체 Web 기반의 통합 수자원 지능형 플랫폼을 상업화하여 과학 및 엔지니어링 전문 지식과 고급 분석 기술을 결합한 스마트 데이터 수집, 지능형 분석, 안전한 클라우드 환경 속에서의 자동화된 지능형 프로세스를 지원한다. 글로벌 1위의 물 공급 기업인 베올리아(Veolia)는 지속 가능한 솔루션을 통해 물 발자국을 줄이는 데 전념하고 있다. 최근에는 생성형 AI를 사용하여 이 문제를 해결하고 있다고 한다. GreenUp 이니셔티브를 통해 AI를 활용, 고객에게 필요한 물과 에너지 소비를 최적화하고 폐기물 분류와 재활용 개선, 예측 유지 보수를 강화하고 있으며, AI 기반의 혁신적 디지털 솔루션인 Hubgrade Water Footprint를 통해 고객이 실시간으로 물 소비를 효과적으로 모니터링하고 관리할 수 있다. 이곳의 데이터 센터는 원격으로 시설을 지속 관리하고, 스마트한 물 소비 관리를 위한 센서를 사용, 송수 펌프나 터빈 등 기계의 진동을 분석하여 이상 징후를 감지한다.

네덜란드의 델타레스(Deltares)는 AI를 활용하여 물 관리를 위한 국가나 지역단위의 영역을 식별하고 분류하며, 실시간으로 글로벌 물 정보를 생성한다. Global Water Watch라는 플랫폼을 통해 저수지 저장량, 관개

용수 적절성, 상류 국가의 수자원 관리 등의 정보를 제공하며, 기존의 수학적 시뮬레이션 모델과 AI를 융합하여, 해안 수역의 변화나 제방과 하구 둑 같은 구조물의 반응을 예측한다. 또한, 물 재난 예측 조기경보 플랫폼(Delft-FEWS)을 구현하여 도시계획에서부터 가뭄 해결까지 다양한 물 관리 도구를 제공한다. 특히 AI 시스템을 활용해 다국어 필기 데이터를 처리하고 체계화하는 기술을 접목한 다양한 데이터 수집의 효율성을 높였다.

이들 기업들의 AI 기술 활용은 비록 상업적 측면이 농후한 비즈니스 경쟁임에도 불구하고, 작금의 기후 변화에 따른 물 부족, 수질 오염, 홍수 등 심각한 물 문제 해결에 작지 않은 도움이 되고 있다. 말하자면, 기존의 사후 조치에서 사전 예방으로의 전환은 물 관리 시스템의 효율성과 지속 가능성을 크게 향상시켰고, AI 기술의 지속적 발전은 물 관리 분야와 접목함으로써 보다 혁신적 솔루션의 등장을 견인할 것으로 예상된다.

글로벌 물 문제 해결에 앞장서는 빅테크 기업들

이 같은 흐름 속에서 글로벌 IT 기업들도 물 관리와 기후 대응 영역에서 적극적으로 나서고 있다. 알파고(AlphaGo)로 바둑을 정복한 구글은 2019년부터 홍수·

가뭄 · 산사태 등 자연재해에 대응하기 위한 물 관리로 관심을 넓혔다. 그 첫 사례인 플러드 허브(Flood Hub, http://sites.research.google/flood)는 우리나라를 비롯한 동북아에는 서비스를 제공하고 있지 않지만, 이외의 아시아 지역과 아프리카는 물론 미주와 유럽 지역에서 운영 중이다. 구글은 이들 지역의 수위를 AI로 예측하고 있으며, 홍수 발생 시에는 주의 상태 및 대피를 위한 경보 수위를 온라인과 모바일로 알려주고 있다. 구글은 특정 지역 홍수 발생 가능성을 조기에 예측하고 경보하는 AI 기반 시스템을 무료로 제공함으로써 전 지구적 물 재난 대응 역량을 강화하고 있고, 데이터 공유로 국제 협력과 정보 확산을 넓히고 있다. 또한 2023년에는 ≪사이언스≫ 지에 GraphCast라는 AI 기반 기상 예측 시스템을 발표하여, 기존에는 10일 동안의 날씨를 예보하는 데 슈퍼컴퓨터로 몇 시간이나 걸렸던 작업을 단지 1분 이내로 단축시키는 성과를 거두었다. 이 기술은 합성곱 신경망(CNN)보다 한 단계 진화한 그래프 신경망(GNN)을 활용해, 기상 데이터를 효율적으로 처리하면서 궁극적으로는 기후·수문학적 문제에 대한 선제적 대응을 가능하게 했다. AlphaFold로 단백질 구조 예측 문제를 해결하여 노벨 화학상을 수상한 AI 연구 사례를 떠올리면, 기후 위기 시대에 AI 개발자가 노벨 평화상을 받을 날도 머지 않았는지 모른다.

구글뿐만 아니라 마이크로소프트 역시 'Planetary Computer' 플랫폼을 통해 전 지구적 환경 데이터를 종합적으로 관리·분석하기 시작했다. 그들은 이를 기후 영향 평가, 생물다양성 보존, 지속 가능한 자원 관리를 지원하는 방향에서 활용할 계획이다. 단순한 기후 예측을 넘어 물을 포함한 다양한 자연자원의 상태와 그 변화를 실시간으로 파악하고, 필요한 최적의 관리 전략을 세울 수 있도록 돕는다. 또한 유럽의 코페르니쿠스(Copernicus) 프로그램도 위성 기반 지구 관측 데이터를 비롯한 환경·기후 정보를 통합 제공함으로써 각국이 신뢰할 만한 데이터로 기후 변화와 물 재난에 대응할 수 있도록 지원하고 있다.

글로벌 빅테크 기업과 글로벌 공유·협력 플랫폼의 등장은 기후 위기 시대의 물 관리가 단순히 물리적인 인프라 확충과 산업적 측면만이 강조된 것이 아닌 데이터·AI·지식 공유가 결합된 새로운 패러다임으로 전환하고 있음을 보여주고 있다는 점에서 고무적이다. 지구적 차원의 이러한 노력은 물 관리가 국가 간 경계를 넘어 통합하고 조율되는 거버넌스 체계로 나아가는 중요한 진전으로, 디지털 시대에 지속 가능한 물 관리의 초석을 다지는 데 기여하고 있다고 하겠다.

참고문헌

김성훈(2022). 물 분야 디지털 기술의 현재와 미래. 한국수자원공사. ≪Journal of Water Policy & Economy≫, 37, 78-90쪽.

김준하(2020). 디지털 그린 뉴딜, 포스트 코로나 시대의 뉴노멀. 국제기후환경센터. ≪기후환경정책≫(특별호), 4-14쪽.

Bluefield Research(2022.6.30). Global digital market forecast 2022-2030, https://www.bluefieldresearch.com/research/the-digital-water-revolution-global-digital-water-market-forecast-2022-2030/

Business Insider(2023.5.31). Jacobs and palantir expand partnership, https://markets.businessinsider.com/news/stocks/jacobs-and-palantir-expand-partnership-1032360649

Google DeepMind(2023.11.14). GraphCast: AI model for faster and more accurate global weather forecasting, https://deepmind.google/discover/blog/graphcast-ai-model-for-faster-and-more-accurate-global-weather-forecasting/

Google Research(2022), Flood hub: Real-time global forecasting, https://sites.research.google/floods/

Sarni.W., et al.(2019.6.11). Digital water : Industry leaders chart the transformation journey, https://iwa-network.org/publications/digital-water/

Shinde, R.(2024). 2024 in Review: How smart water trends are shaping a resilient future, https://swan-forum.com/publications/2024-in-review-shaping-a-resilient-future/

UN Water(2023.5.16). Summary of proceedings - UN 2023 water conference, https://www.unwater.org/news/summary-proceedings-un-2023-water-conference

World Resources Institute(2022). Global Water Watch: Accessible, near-real-time water data, https://www.wri.org/initiatives/global-water-watch

Veolia(2024.7.31). Veolia takes artificial intelligence deployment to the next level to drive sustainable water management, https://www.watertechnologies.com/about-us/newsroom/veolia-takes-artificial-intelligence-deployment-next-level-drive-sustainable

Vestner, R.(2020). Digital Water: The next step towards WATER 4.0. German Water Partnership, https://germanwaterpartnership.de/en/14197/

02
AI와 물 재난의 예측과 대응

기후 변화로 인한 홍수 재난이 증가함에 따라, AI 기반 홍수 예측 기술이 중요해졌다. 구글의 플러드 허브는 딥 러닝을 활용해 방대한 데이터를 분석, 전 세계 주요 하천의 수위 변동과 홍수 위험을 사전 예측하는 서비스를 공개하였다. 우리나라 또한 AI와 CCTV 기반 기술을 통해 홍수 예보 · 경보 시스템을 구축, 재난 대응력을 높이고 있다. 기업들은 AI 홍수 예측 기술을 디지털 트윈에 접목하여 다양한 비즈니스 모델을 구축하고 있다.

글로벌 홍수예측을 위한 AI적 접근

기후 변화로 인한 극단적 기상 현상이 빈번해짐에 따라 전 세계적으로 홍수로 인한 재해가 커다란 환경 · 사회적 난제가 되고 있다. 홍수는 인적 피해, 농경지 파괴, 주택 침수뿐만 아니라 상하수도 교란, 식수원 오염 등 공공시설 피해를 동반하는 복합적 재난이며, 이러한 위협에 대한 효율적 대응 체계 구축이 물 관리의 핵심 과제로 떠오르고 있다. 특히 물 관리에서 사람들이 가장 크게 걱정하는 문제 중 하나가 홍수인 만큼, 이를 통해 사전에 예측하고 대응하는 기술의 중요성이 점점 더 강조되고 있다.

기존에는 강우로 인한 홍수량의 발생 과정인 유출(Runoff)현상을 정밀하게 예측하기 어려워 수십 년 이상 수많은 수학적 · 경험적 공식들이 제안되고 축적되어 왔으나, 이들 모델만으로는 기상 조건 변화나 지형 · 토지 이용 패턴 다양성 등을 충분히 반영하기에는 다소 한계가 있었다. 이처럼 불확실성이 높은 수문학적 현상을 다루는 데 있어 전통적 접근법을 보완하고자 하는 목적으로 최근에는 인공지능(AI)과 빅데이터를 활용한 새로운 접근이 떠오르면서 홍수 재난 관리 기술의 전환이 시작되었다.

구글은 2019년부터 딥 러닝 기술, 특히 시계열 예측에 강점을 지닌 LSTM(Long Short-Term Memory) 딥 러닝 모델을 활용하여 홍수 발생 가능성을 사전에 파악하는 예측 시스템을 개발했다. 이 모델은 위성자료, 기상예보, 지형정보, 과거 홍수 기록, 토양 습도, 하천 유량 등 방대한 데이터를 종합 분석하여 특정 지역 하천의 수위 변동과 홍수 위험성을 사전에 진단한다. 이러한 기술적 토대를 바탕으로 구축된 것이 앞 장에서 설명한 플러드 허브 서비스로, 현재 전 세계 100여 개국의 주요 하천을 대상으로 수위 예측 정보를 제공하고 있다. 홍수 예측 시간을 작게는 몇 시간 전부터 최대 일주일까지 확대할 수 있다고 했는데, 물론 이는 대상 지점에 대한 기상 예측의 성능과 범위 및 홍수 예측과 관련된 가용 데이터들의 상태에 따라 달라진다. 결과적으로 이러한 시스템에 힘입어 현지 주민과 지방자치단체, NGO, 재난 대응 기관 등이 긴급 대피, 인프라 보호, 재난 자원 배치 등 신속하고 효율적인 대응 전략을 수립할 수 있게 되었다.

플러드 허브의 사용자 수는 정확히 집계되지 않았지만, 구글은 이 서비스를 통해 잠재적으로 약 7억 명에 달하는 인구가 혜택을 받을 수 있다고 추산하고 있다. 실제로 인터넷 브라우저에서 플러드 허브를 검색하면 손쉽게 해당 서비스의 예측 정보를 확인할 수 있어, 일반 이용자도 접근이 가능하다. 다만, 학술 논문을 통해 제시된 구글의 홍수 예측 모델 정확도가 실제 상황에서 어느 정도 신뢰할 만한지에 대해서는 아직 충분히 검증되지 않았다. 그럼에도 불구하고 플러드 허브의 운영 범위가 계속 확대될수록 구글은 더 많은 관측 자료와 환경 데이터를 축적할 수 있으며, 이를 통해 예측 알고리즘을 지속적으로 개선하고 장기적으로 빅데이터 자산을 확보함으로써 새로운 서비스 영역을 개척할 수 있을 것이라는 점을 생각해볼 수 있다. 인도주의적 목적과 기술 발전을 위한 데이터 확보 전략이 복합적으로 작용하는 이러한 흐름은, 기후 위기 시대 디지털 기술 기반 재난 관리가 단지 선의에만 기반한 것이 아니라는 점도 시사한다.

구글 외에도 국제기구(UN, WMO 등)와 미국, 유럽의 공공기관, 민간 기업들은 각국 상황에 맞춰 AI 기반 홍수 예측 모델을 도입하거나 실증하고 있다. 이들은 기상 모델과 수문학적 자료, 위성 관측 데이터를 결합하고, IoT 센서망이나 드론, 레이더 관측 등을 통해 관측 인프라를 강화함으로써 예측 정확도와 공간적 해상도를 향상시키고 있다. 저개발국 지역에서도 국제적 지원 프로그램을 통해 AI 기반 재난 예측 역량을 강화하려는 시도가 이어지고 있으며, 이를 통해 기후변화로 인한 홍수 위협에 대응하는 국제적 협력이 기대되는 추세이다.

어떻게 AI로 홍수를 예측하는가?

홍수를 인공지능으로 예측하는 데는 크게 두 가지 접근 방식이 있다. 첫 번째 방식은 과거에 해당 지역에서 관측된 강우량과 홍수량의 변화 패턴을 AI가 학습한 뒤, 상류 지역(댐에서 방류되는 물 포함)의 상황까지 고려하는 방법이다. 쉽게 말해, 과거에 비가 얼마나 많이 왔을 때 어느 정도의 홍수가 발생했는지를 바탕으로, 지금 비슷한 상황이 다시 오면 앞으로 몇 시간 안에 하천 수위가 얼마만큼 올라갈지 예측하는 식이다. 이 방식은 단시간 예측(향후 3~6시간 이내)에는 효과적이지만, 비가 땅에 스며들거나 흘러내려 하천 수위로 나타나기까지의 복잡한 과정을 충분히 반영하지 못할 수 있다. 특히, 비가 앞으로 얼마나 내릴지(강우 예측)에 대한 정보가 정확히 주어지지 않으면 변화무쌍한 실제 상황을 제대로 따라가기 어렵다는 한계가 있다.

또 다른 접근 방식은, 'AI Surrogate' 모델이라고 부르는 방식으로, 기존의 물리학적 원리나 수치해석(수학적 · 물리적 방정식을 이용한 시뮬레이션)으로 홍수를 예측하던 방법을 어느 정도 참고하는 방식이다. 즉, 전통적인 모델처럼 비가 내리고 물이 흘러 하천 수위를 결정하는 정확한 인과관계를 100% 재현하지는 못하더라도, 최소한 이 현상들 사이의 상관관계를 반영, 실제와 유사한 결과를 낼 수 있다. 즉, 비가 어느 정도 내리는지, 지형이 어떠했을 때 어떻게 하천 수위가 변하는 지에 대한 상관관계를 AI가 배우는 것이다. 물론 이 방법도 비가 앞으로 어느 정도 내릴지에 대한 예측값이 부정확하다면 성능이 떨어질 수 있다는 문제가 있다.

그럼에도 불구하고, 많은 연구자들은 이 두 가지 방식 – 과거 패턴 기반 방식과 AI Surrogate 모델 – 모두 "비가 내려 홍수가 발생하는" 전통적 현상 이해와 잘 부합한다고 판단하고 있다. 이 때문에 구글의 플러드 허브와 같은 서비스들이 등장하고, 여러 연구 성과가 나오고 있는 것이다. 특히 홍수 예측 · 예보 인프라가 충분하지 않은 개발도상국에서는 이 같은 AI 예측 시스템의 가치가 더욱 높게 평가되며, 선진국에서도 기존 관측 장비나 해석 시스템과 AI 예측을 결합, 예측 신뢰도를 끌어올리는 방식으로 활용이 기대된다. 결국 AI는 전통적인 홍수 이해와 예측 방법을 한 단계 발전시키는 도구로 자리 잡아가는 방향으로 전환되고 있다.

우리나라의 적용 사례

2025년 환경부 예산 중 물 관리 분야는 전년 대비 5.4% 증가한 6조 3977억 원이 편성되었는데, 이는 최근 홍수와 가뭄 같은 기후 재난에 대응하기 위한 정부의 중요성 인식을 반영한다. 특히 국내에서는 정부와 공공기관을 중심으로 물 재해 관리 디지털 전환에 적극 나서면서 홍수 대응력 강화를 위한 AI 예측 시스템 구축에 집중하고 있다. 환경부는 2024년 이후 AI 기반 홍수 예보 시스템 도입을 추진하고 있으며, 이를 통해 방대한 기상 · 수문학적 데이터를 실시간으로 종합 분석하고 유역 유출량, 토양 습도, 댐 · 저수지 수문 운영 정보, 도시 배수 인프라 상태, 지하수위 등 다양한 변수를 고려하여 홍수 발생 가능성을 사전에 포착하는 것을 목표로 한다. 이를 통해 주민 대피, 댐 방류 조정, 도로 통제와 같은 선제적 조치를 취할 수 있어 긴급 대응 역량을 크게 강화할 수 있을 것으로 예상하고 있다.

국가적으로는 국가하천 배수시설과 하천 수위를 실시간으로 모니터링하고 원격으로 제어하는 스마트 하천관리시스템을 개발, 2025년 완성을 목표로 약 4000억 원 규모의 예산을 투입 중이다. 한국수자원공사(K-water)는 기상 변화에 따라 댐 운영의 유연성을 높이기 위한 전략을 추진하며, 기상 및 기후 데이터, AI 기술을 활용해 다목적댐 운영의 정확성과 신속성을 높이고 있다. 이러한 한국의 시도는 기후변화 시대에 예측 불확실성에 대응하기 위한 전략적 선택으로, 단순한 기술 업그레이드를 넘어 사회적 안전망 강화와 국가 인프라 고도화, 지속가능한 발전 기반을 마련하기 위함이다.

최근 홍수 대응 전략에서 주목받는 또 하나의 영역은 CCTV를 활용한 실시간 상황 인식 기술이다. 2022년 서울 강남역과 도림천 일대에서 발생한 집중호우 당시 도시 저지대와 하천 주변 구역에서 침수 피해가 크게 늘어나면서, 지자체들은 기존에 설치된 수많은 CCTV를 활용해 홍수 상황을 실시간으로 모니터링하는 방안을 적극 모색하고 있다. 전통적으로 CCTV는 단순히 영상을 촬영·전송하는 장비에 불과했지만, 이제는 AI 기반 컴퓨터 비전(CV) 기술을 접목하여 하천 수위 변화, 배수시설 작동 상태, 인근 도로 침수 등 다양한 정보를 자동으로 분석하고 경보를 발령할 수 있게 되었다.

특히, 딥 러닝을 활용한 물체 인식 기술이 확산되면서, 물이 차오르는 상황뿐 아니라 사람이나 차량이 침수 위험 지역에 진입하는 상황, 혹은 물에 빠진 사람의 존재 여부까지 추적하는 것도 점차 가능해지고 있다. 이러한 기술은 인명 피해를 줄이는 데 도움을 줄 수 있으며, 긴급 구조 활동 지원, 교통 차단 시점 파악, 시민 대피 명령 등 상황에 맞는 신속한 대응을 가능케 한다. 사람이나 차량 같은 객체에 대해 굳이 별도의 학습 과정을 거치지 않더라도, 이미 상용화된 객체 인식 모델과 알고리즘들이 충분히 발달해 있어 다양한 상황에 적용하기가 용이하다는 점도 이 기술 확산에 이바지했다. 비식별화를 통한 사생활 보호 문제 역시 중요하지만, 현 단계에서는 객체 인식 기술이 이미 일반화되어 있어 특정 인물의 신원 파악 없이도 위험 상황 파악이 가능하다는 점이 장점으로 꼽힌다.

다만, 이러한 CCTV 기반 실시간 분석 기술도 개선해야 할 부분이 있다. 무엇보다 야간 시간대에 광량이 부족하거나, 강우 · 강설 등 기상 상황으로 시야가 제한되는 경우, 카메라 영상 품질이 저하되어 객체 인식 정확도가 떨어질 수 있다. 비나 눈 같은 물질은 카메라 렌즈에 물방울이나 결빙을 형성해 영상 흐릿함(blurring)이나 굴절을 유발하고, 이는 AI 알고리즘의 추론(물체 감지 및 식별) 성능을 저하시킨다. 따라서 야간 조명 확보, 방수 · 발열 렌즈 장착, 특수 필터 활용, 열화상 카메라 보조 등 다양한 기술적 보완책이 논의되고 있으며, 이를 통해 CCTV 영상 기반 홍수 예보 · 경보 체계를 더욱 안정적이고 정확하게 구현할 수 있을 것으로 기대된다.

AI 홍수 예측의 비즈니스 모델화

노르웨이의 기업인 7Analytics는 기후 적응 및 홍수 시나리오 분석에 특화된 스타트업으로, AI와 공간 정보(Geospatial Information) 기술을 활용하여 빗물 침윤(Percolation) 능력을 평가하고, 홍수 시나리오를 모델링하며, 지속 가능한 빗물 관리 전략 수립에 힘쓰고 있다. 이 회사의 솔루션은 비가 내릴 때 특정 지역에서 빗물이 어디로 스며들고 어떤 경로를 따라 흐르는지 정확하게 파악함으로써, 도시나 건축 인프라가 홍수 상황에서 어떤 반응을 보일지 미리 알 수 있게 한다. 이러한 분석 도구는 건설사, 엔지니어링 업체, 도시 관리 당국뿐 아니라 자산 관리자, 보험사, 금융기관 등에게도 잠재적 가치를 제공한다. 예를 들어, 부동산 개발사나 인프라 투자자는 미리 홍수 취약성을 파악해 건축물이나 인프라 설계를 개선하고 장기 유지비용을 줄일 수 있으며, 이를 통해 궁극적으로 자산 가치와 안정성을 높일 수 있다. 또한 보험사나 금융기관은 이 예측 데이터를 활용해 자산 위험을 보다 정확히 평가하고, 이에 따라 더 적절한 보험료 책정과 투자 전략을 수립할 수 있다. 비록 7Analytics가 보험 시장에 직접 초점을 맞추지는 않은 것으로 보이지만, 이 같은 침수 시나리오 분석 기법 등은 결과적으로 다양한 이해관계자가 홍수 위험을 정량화하고 관리할 수 있는 기반을 만들어 나가고 있다.

널리 쓰이고 있는 설계 SW인 오토캐드의 개발사인 오토데스크(Autodesk)는 2021년 물 관리 소프트웨어 전문 기업인 이노바이즈(Innovyze)를 인수함으로써 BIM(Building Information Modeling) 기반 환경에 홍수 및 물 관리 시뮬레이션 기능을 통합하는 데도 노력을 기울였다. BIM은 건축물과 도시 인프라를 디지털로 모델링하여 설계, 시공, 유지 보수 과정 전반에 걸쳐 정보 관리를 지원하는 기술로, 여기에 인수 기업인 Innovyze의 홍수 · 수자원 시뮬레이션 기능이 더해지면서 도시 설계 초기 단계부터 홍수 위험을 평가하고 대안을 마련할 수 있게 된다. 이를 통해 엔지니어, 도시 계획가, 건축가는 홍수 시나리오를 실시간으로 검토하며 취약 지점을 미리 파악해 인프라 설계를 최적화할 수 있고, 결과적으로 공공기관, 대형 건설사, 스마트 도시 개발 프로젝트에 이르는 다양한 고객층에게 안전하고 지속 가능한 도시 인프라 계획을 지원하는 종합 솔루션이 제공된다.

AI 기반 홍수 예측 기술은 SaaS(Soft as a Service) – 넷플릭스 같은 구독형 서비스의 일종 – 형태의 플랫폼 서비스, 데이터 라이선싱, 전문 컨설팅 등 다양한 비즈니스 모델로 발전할 수 있다. 보험사나 금융기관은 이러한 예측 데이터를 바탕으로 위험 관리 효율을 높이고, 엔지니어링이나 도시계획 분야에서는 홍수 리스크를 반영한 설계 및 투자 결정을 내릴 수 있다. 또한 스마트 시티 구현, ESG(환경 · 사회 · 거버넌스) 경영 강화, SDGs(지속가능발전목표) 달성 등의 국제적 노력이 확대됨에 따라 다양한 국가, 기관, 기업 간의 협력을 통해 시장이 더욱 넓어질 가능성도 크다.

결국 AI 기반 홍수 예측 기술은 단순한 재난 대응 수단을 넘어, 다양한 산업에서 새로운 부가가치를 창출하는 핵심 요소로 자리매김하고 있다. 7Analytics의 기후 적응 솔루션과 Autodesk(Innovyze)의 BIM 통합 홍수 관리 플랫폼 사례는 이를 잘 보여주며, 더 정교해진 알고리즘, 풍부한 데이터 공유, 제도적 지원, 국제협력을 바탕으로 향후 사업성은 더욱 확대될 전망이다. 이는 기후 위기 시대에 환경 문제를 경제적 기회로 전환하는 전략적 접근으로, 궁극적으로는 지속 가능한 발전과 사회 안전망 강화에 기여하는 긍정적인 흐름이라고 할 수 있다.

참고문헌

국토교통부(2019.10.9). IoT기술 활용, 더욱 안전한 스마트 하천관리 시스템 구축.
https://www.molit.go.kr/USR/NEWS/m_71/dtl.jsp?id=95082890

환경부(2024.8.28). 기후위기 시대, 국민 안전 확보를 위한 물 관리 강화.
https://me.go.kr/home/web/board/read.do?boardId=1694340&boardMasterId=1&menuId=10525

Autodesk(2022). Autodesk Announces Agreement to Acquire Innovyze.
https://adsknews.autodesk.com/app/uploads/2021/02/Indra-IR-Deck_Final_220221.pdf

Nevo, S., et al.(2021). Flood forecasting with machine learning models in an operational framework. arXiv:2111.02780 [cs.LG], https://doi.org/10.48550/arXiv.2111.02780

Torland, J.(2023.5.20). FloodCube planning prevents flood damage with unparalleled results.
https://businessnorway.com/solutions/7analytics-floodcube-prevents-climate-induced-flood-damage-with-unparalleled-results

03
물 관리 AI와 다양한 데이터의 융합

AI는 사람이 쉽게 인지하기 어려운 가뭄 같은 현상 파악에도 도움이 된다. 위성 데이터 분석으로 지하수의 변화를 파악하고, 사회적 영향을 반영하는 소셜 데이터 분석으로 가뭄의 다양한 측면을 포착할 수 있다. 시민 참여를 통한 데이터 수집은 정확도를 높이고, 효과적인 가뭄 대응 등이 가능하게 하는 밑거름이 된다. 정확한 데이터 분석과 해석이 뒷받침되어야 하는 것은 필수이다.

물 부족 예측을 위한 AI

우리나라의 상수도 보급율은 경우 98%가 넘어 최소한 도시 지역의 경우 일상생활에서 물 부족을 직접 경험하는 경우는 매우 드물다. 수도꼭지를 틀면 언제든 물을 사용할 수 있는 환경은 물 부족이라는 위협을 쉽게 간과하게 한다. 하지만 지구 온난화는 지구의 물 순환 시스템에 광범위하고 복합적인 영향을 미치며, 이는 우리나라 역시 예외가 될 수 없다. 온난화로 인한 대기 중 수증기량의 증가는 홍수와 같은 극단적인 기상 현상의 발생 빈도와 강도를 증가시키는 동시에, 장기적인 물 부족의 가능성을 높이는 요인이 된다. 즉, 눈에 보이는 홍수 피해 이면에 숨겨진 물 부족의 잠재적인 위협에 주목해야 한다. 생활용수 공급에는 당장 문제가 없을지라도, 농업, 공업, 생태계 유지 등 물이 필수적인 다른 분야에서는 심각한 영향을 받을 수 있으며, 이는 결국 사회경제적인 문제로 이어질 수 있다. 특히, 지하수는 이러한 물 부족 상황에서 중요한 역할을 하는데, 가뭄이 장기화될 경우 지표수의 부족을 대체하는 역할을 하기 때문이다. 따라서 지하수 변화를 정확하게 모니터링하는 것은 가뭄 대응에 매우 중요하다.

이러한 잠재적인 물 부족 위협, 특히 지하수의 변화를

감지하고 분석하는 데 핵심적인 역할을 하는 것이 바로 AI 기반 위성 원격 탐사(Remote Sensing) 기술이다. 위성은 넓은 지역을 지속적으로 관측할 수 있기 때문에, 지표면과 지하의 변화를 시공간적으로 분석하는 데 매우 효과적이다. 특히, 가뭄은 넓은 지역에 걸쳐 서서히 진행되는 특성을 가지고 있기 때문에, 위성을 이용하여 조기에 징후를 포착하는 것이 중요하며, AI는 이러한 과정에서 핵심적인 역할을 수행한다.

지하수 관측에 특히 중요한 역할을 하는 것으로서 미국 항공우주국(NASA)의 GRACE(Gravity Recovery and Climate Experiment) 및 GRACE-FO(Follow-On) 위성 프로젝트를 소개할 수 있다. 이 위성들은 지구 중력장의 미세한 변화를 측정하여 지구의 물 분포 변화를 매우 정밀하게 관측한다. 중력장은 지구의 질량 분포에 따라 달라지는데, 지하수의 양이 변하면 주변의 질량 분포가 바뀌면서 중력장에도 미세한 변화가 생긴다. GRACE 위성은 이러한 중력장의 변화를 매우 정밀하게 측정하여 지하수량의 변화를 추정할 수 있다. 이처럼 측정된 방대한 데이터는 AI 알고리즘, 특히 시계열 분석과 머신 러닝 기법을 통해 더욱 정밀하게 분석된다. GRACE 위성이 측정한 데이터를 머신 러닝 알고리즘에 학습시키면, 데이터 분석의 정확도를 높이고 분석 속도를 향상시킬 수 있다. 예를 들어, 과거의 지하수 변화 패턴과 기상 데이터를 함께 학습시켜 미래의 지하수 변화를 예측하거나, 특정 지역의 지하수 고갈 위험도를 평가하는 데 활용할 수 있다.

유럽 우주국(ESA)의 Sentinel 위성, SMOS 위성, Meteosat 위성 등도 가뭄 감시에 중요한 데이터를 제공하며, 이러한 데이터는 지하수 분석과 연계되어 더욱 효과적인 가뭄 분석을 가능하게 한다. ESA의 Sentinel-1 위성은 레이더를 사용하여 날씨에 관계없이 지표면을 관측할 수 있으며, AI 기반 영상 분석 기법을 통해 토양 습도 변화를 정밀하게 추출할 수 있다. 토양 습도는 지하수와 밀접한 관련이 있으므로, Sentinel-1 데이터를 통해 지하수 함양(지하에 물이 채워지는 현상) 및 고갈 과정을 추정할 수 있다. 특히, 영상 속 픽셀들의 특징을 분석하는 데 효과적인 합성곱 신경망(CNN)과 같은 딥 러닝 모델을 활용하여 토양 습도를 더욱 정확하게 측정할 수 있다. 다음 버전인 Sentinel-2 위성은 고해상도 광학 영상을 제공하며, 이 역시 딥 러닝 모델을 통해 식생 변화를 분석하고 가뭄으로 인한 식생 스트레스를 감지하는 데 사용된다. 식생은 지하수와 깊은 관련을 맺고 있는데,

가뭄으로 인해 식생이 고사하면 지하수 사용량이 줄어들 수 있으며, 반대로 지하수 고갈은 식생에 직접적인 영향을 미친다. 따라서 Sentinel-2 데이터는 지하수 변화와 가뭄의 상관관계를 분석하는 데 유용하다. 다음으로, Sentinel-3 위성은 지표 온도 데이터를 제공하며, AI 기반 회귀 분석 등을 통해 증발산량 변화를 추정하고, 가뭄 발생 가능성을 예측하는 데 활용될 수 있다. 증발산량은 토양과 식생에서 대기로 물이 증발하는 양을 나타내는 지표로, 지하수량 변화에 영향을 미치므로, 가뭄 분석 시 중요한 요소로 고려된다.

또 다른 물 관리 전문 데이터 위성으로 소개할 것은 SMOS 위성으로서 토양 습도와 해양 염분을 측정하는 데 특화된 것이다. SMOS 위성의 토양 습도 데이터는 AI 기반 시계열 분석 및 머신 러닝 모델과 결합되어 가뭄 모니터링 및 예측의 정확도를 향상시키는 데 기여한다. 특히, 장기적인 토양 습도 변화 추세를 분석하고 가뭄 발생 위험 지역을 예측하는 데 유용하며, 이는 지하수 변화 예측과 연계될 수 있다. Meteosat 위성은 유럽과 아프리카 지역의 기상 관측에 주로 사용되지만, 가뭄 모니터링에도 활용될 수 있다. Meteosat 위성이 제공하는 강수량, 온도, 습도 등의 기상 데이터는 AI 기반 예측 모델의 입력 데이터로 활용되어 장단기 가뭄 예측 모델을 구축하는 데 도움이 된다. 강수량은 지하수 함양에 직접적인 영향을 미치므로, Meteosat 데이터는 지하수 변화를 예측하는 데 중요한 정보로 활용될 수 있다.

이처럼 위성 기술의 발전으로 지구 전체의 물 순환과 분포 상태를 광역적이고 상세하게 관측하여 다양한 종류의 물 관련 정보(GRACE의 중력 데이터, Sentinel 시리즈의 레이더 및 광학 영상, SMOS의 토양 수분 정보, Meteosat의 기상 자료 등)가 대규모로 취득되고 축적된다. 그러나 이처럼 방대하고 복잡한 빅데이터 환경에서는 전통적인 방식만으로는 유의미한 정보를 추출하고 분석하는 데 한계가 있다. 바로 이 지점에서 수많은 변수와 시공간적 패턴을 효과적으로 다루며 대규모 데이터 처리와 복잡한 패턴 인식에 강점이 있는 AI 기술의 접목이 강조되는 것이다. AI는 다양한 모니터링 데이터를 통합할 수 있으며, 추가적으로 물 순환을 시뮬레이션하는 물리적 모델들과 융합함으로써, 인간이 직접 파악하기 어려운 지표수-지하수 연동, 가뭄 전후의 상황 이해, 토양 습도 변화 등의 이상 징후까지 포착하고 물 상태 변화를 예측한다. 결국 위성이 제공하는 풍부한 지구 관측 정보는 AI라는 강력한 분석 도구를 만나 그 가치를 최대로 발휘하게 되며, 이는 곧 더 정확한 가뭄 감시 및 예측, 그리고 물 부족 등에 대비한 전략 수립 능력의 향상으로 이어질 것이다.

소셜 데이터를 활용한 가뭄의 분석

전통적인 가뭄 분석 방법은 기상 데이터, 수문 데이터 등에 의존해 왔지만, 이러한 방법들은 가뭄의 사회적 영향을 실시간으로 반영하기 어렵다는 한계가 있다. 최근에는 소셜 데이터를 활용하여 가뭄 현상을 파악하고 분석하는 연구가 시도되고 있다. 소셜 데이터는 사람들의 경험, 인식, 행동 등을 실시간으로 반영하기 때문에 가뭄의 사회적 영향을 파악하고, 효과적인 가뭄 대응 전략을 수립하는 데 가치 있는 정보를 제공할 수 있다. 예를 들어, 소셜 미디어 데이터를 분석하면 가뭄 발생 지역 주민들이 겪는 어려움(식수 부족, 농작물 피해, 정신적 스트레스 등)을 실시간으로 파악하고, 이를 바탕으로 정부 지원 정책의 우선순위를 결정하거나 지원 프로그램을 제공할 수 있다.

가뭄 분석에 활용될 수 있는 소셜 데이터는 뉴스 기사 및 소셜 미디어 게시글, 온라인 설문 조사, 시민 과학 데이터 등 다양한 형태가 있고, 기본적으로는 뉴스 기사 및 소셜 미디어 게시글을 활용해 가뭄 발생 지역, 피해 규모, 주민들의 인식과 반응 등이 분석 가능하다. 텍스트 마이닝, 감정 분석, 네트워크 분석 등의 기법을 통해 가뭄 피해 심각성, 주민들의 불안감, 정부 정책에 대한 여론 등을 파악할 수 있다. 예를 들어, 가뭄 관련 키워드를 포함하는 뉴스 기사나 소셜 미디어 게시글을 수집하고 분석하여 가뭄 발생 지역과 피해 규모를 파악하고, 게시글의 감정 분석을 통해 주민들의 불안감이나 스트레스 정도를 측정할 수 있다.

구글이 제공하는 구글 트렌드나 우리나라의 검색엔진인 네이버 등을 활용한 사례를 살펴보면, 먼저, 분석의 목적에 맞는 가뭄 관련 검색어를 선정할 수 있다. 예를 들어, "가뭄", "물 부족", "제한급수", "논바닥 갈라짐", "저수지 고갈" 등의 검색어가 사용될 수 있다. 다음으로, 선정된 검색어에 대한 검색엔진에서의 트렌드 데이터를 수집한다. 분석 기간, 지역 등을 설정하여 원하는 데이터를 얻을 수 있으며, 시간 경과에 따른 검색어에 대한 관심도 변화를 그래프로 나타내거나 지역별 검색량을 비교하는 기능을 활용할 수 있다. 수집된 데이터는 분석 및 시각화 과정을 거쳐 가뭄 발생 추이, 지역별 차이, 심각성 등을 파악한다. 이때, 트렌드 데이터와 기존 가뭄 데이터(강수량, 저수율, 가뭄 지수 등)를 비교 분석하여 상관관계를 파악하고, 가뭄 예측 모델 개발에 활용할 수 있다. 기존 가뭄 데이터에는 표준강수지수(SPI), 표준강수증발산지수(SPEI) 등의 가뭄 지수와 저수지 수위, 토양 수분 등의 자료가 있다. 이러한 데이터를 종합한 분석 결과를 토대로 가뭄 발생 위험 지역, 시기, 심각성 등을 예측하고, 가뭄 대응 정책 수립 및 물 관리 계획에 활용할 수 있다.

실제 사례로서, 2022년 미국에서 가뭄 검색량이 가장 많았던 시기는 6월과 7월이었는데, 이는 해당 시기에 미국 전역에서 이상 고온이 다수 발생했던 시기이다. 특정 지역의 강수량, 저수율 등의 데이터와 "가뭄", "물 부족" 검색어의 트렌드 데이터를 분석하여 상호 관계성을 파악할 수 있다. 이러한 상관관계를 기반으로 AI 머신 러닝 기법을 활용하면 가뭄 발생 가능성을 예측하는 모델을 개발할 수 있는데, 실제로 구글이 제공하는 검색 트렌드를 이용하여 기상학적 지표인 표준강수지수와의 비교를 통해 가뭄의 심각 정도를 분석한 사례도 있다(이희섭, 2014). 호주에서는 소셜 미디어 데이터와 기상 데이터를 결합하여 가뭄 예측 모델을 개발하여 가뭄 발생 위험 지역을 조기에 파악하는 연구를 했고, 이는 소셜 미디어에서 가뭄 관련 키워드("가뭄", "물 부족", "농작물 피해") 언급 빈도와 현장 사진 및 비디오 데이터 분석을 통해 가뭄 발생 지역 및 피해 정도를 파악하고, 이를 기상 데이터인 강수량, 기온, 토양 수분과 결합하여 기존의 가뭄 예측 모델의 정확도를 향상시킨 사례였다.

다음으로 전문가와 일반 시민이 협력하여 과학 연구를 수행하는 시민 과학 방식이 있다. 이는 가뭄같이 광범위한 지역에서 발생하는 현상을 비용 효율적으로 모니터링하고 데이터를 수집하는 데 도움이 된다. 특히, AI 시대의 효과적인 물 관리 중에서도 가뭄 문제 해결을 위해 시민 과학 데이터 활용은 보다 중요해지고 있다고 생각하는데, 시민들이 직접 가뭄 현황 파악에 참여하여 수집한 데이터는 과학적 분석에 활용되어 가뭄을 비롯한 물 문제 해결에 기여할 수 있다.

시민 과학 데이터는 다양한 방식으로 수집되고 활용될 수 있다. 첫째, 시민들이 스마트폰 앱 등을 이용하여 기록한 저수지 수위 감소, 식물 시듦, 토양 균열 등의 정보는 시계열 분석, 공간 분석 등을 통해 가뭄 발생 패턴과 지역별 심각도를 파악하는 데 활용된다. 둘째, 시민들이 제공하는 사진과 같은 현장 정보는 가뭄 피해 지역과 규모를 파악하는 데 유용하게 활용된다. 셋째, 수집된 데이터를 AI 기술과 접목하여 가뭄 발생 패턴을 분석하고 미래 가뭄 발생을 예측하는 데 활용할 수 있다.

미국과 유럽에서는 이미 시민 과학 데이터를 활용한 가뭄 분석이 활발하게 이루어지고 있다. 대표적인 사례로 미국 정부(drought.gov)에서 운영하는 프로그램들을 들 수 있다. CoCoRaHS 프로그램은 시민 과학자들이 강수량, 강설량, 우박 등의 기상 데이터를 측정, 보고하는 프로그램이다. 이 데이터를 활용하여 가뭄 발생 지역 및 피해 정도를 파악하고, 가뭄 예측 및 완화 전략 수립에 활용할 수 있다. 또 다른 프로그램인 CMOR-Drought는 시민들이 가뭄으로 인한 지역 환경 변화를 직접 관찰하고 보고하는 프로그램이다. 미국 정부와 주정부 기관들은 이러한 시민 과학 데이터를 활용하여 가뭄의 영향을 다각적으로 평가하고, 가뭄 대응 전략 수립에 활용한다. 유럽의 경우, 네덜란드 왕립기상연구소(KNMI)는 자원봉사자 관측 등과 같은 시민 과학 데이터를 활용하여 지역적 기상 현상을 더 상세히 파악하고 분석하며, 날씨 예보 및 장기적 기후 모니터링의 정확도를 높이는 데 활용한다. 나아가 유럽연합(EU) 차원에서는 WeObserve 프로젝트(Horizon 2020)와 같이, 다양한 환경 모니터링 시민 관측소들의 협력을 증진하고, 데이터 공유 및 활용을 촉진하여 시민 과학 생태계 전반을 강화하려는 노력도 있다.

이처럼 시민 과학 데이터는 AI 시대의 물 관리에서 매우 중요한 역할을 한다. 시민들의 적극적인 참여를 통해 더욱 정확하고 효과적인 물 관리가 가능해진다.

소셜 데이터는 물 관리의 AI 활용 가능성을 확장해 주는 중요한 자원이 될 수 있지만, 수집 경로의 복잡성과 다양성, 그리고 데이터 해석에서 발생할 수 있는 한계점도 있다. 따라서 분석 시 데이터의 편향성과 불균형, 정확성과 신뢰도에 대한 표준이 필요하며, 인과관계와 상관관계에 대한 선행적, 후행적 특성에 대한 주의도 필요할 것이다. 다시 말해서, 상관관계 분석 시 변수 간의 선후 관계나 다른 잠재적 요인을 고려하여 인과관계를 섣불리 단정하는 오류는 피해야 한다는 것이다. 흔히 드는 예로, 아이스크림과 수영복 판매량의 관계는 상관관계이지 인과관계는 아니다. 날씨가 더워짐에 따라 아이스크림과 수영복 판매량이 공히 증가하는 현상은 더운 날씨라는 공통 원인에 의해 발생하는 상관관계일 뿐, 아이스크림의 판매량 증가가 수영복의 판매량 증가를 유발하는 것은 아니다. 즉, 두 변수 간의 상관관계가 항상 인과관계를 의미하는 것은 아니며, 인과관계를 규명하기 위해서는 엄격한 실험 설계 및 통계적 분석의 중요성이 크다.

참고문헌

이희섭(2014). 빅데이터를 이용한 가뭄발생지역과 가뭄심도 분석. 한서대학교 대학원 석사학위논문.

임정호 등(2020.6). 인공지능을 이용한 위성/수치모델 자료 기반 한반도 가뭄 모니터링 및 예측 알고리즘 개발. 한국연구재단, https://scienceon.kisti.re.kr/srch/selectPORSrchReport.do?cn=TRKO202100013859

Koninklijk Nederlands Meteorologisch Instituut(KNMI)(2025). Vrijwilligers van het KNMI, https://www.knmi.nl/over-het-knmi/nieuws/nieuwe-handregenmeters-voor-onze-neerslagwaarnemers

Meehan, M.(2023.7). Reporting drought impacts in North Dakota with condition monitoring observer reports. North Dakota State University Extension, https://www.ndsu.edu/agriculture/sites/default/files/2023-07/DE2104.pdf

Reager, J. T., et al.(2023). Water cycle science enabled by the GRACE and GRACE-FO satellite missions. *Nature Water*, 1(1), pp.1-12. https://ntrs.nasa.gov/citations/20230001313

Rongstad, B., et al.(2021). We are water - Community voices and collaborative partnerships inform development of informal STEAM education experiences. AGU Fall Meeting 2021, ED41B-03, https://ui.adsabs.harvard.edu/abs/2021AGUFMED41B..03R/abstract

WeObserve Consortium(2021). An ecosystem of citizen

observatories for environmental monitoring. Horizon 2020 Project, https://cordis.europa.eu/project/id/776740

04

AI와 먹는 물, 그리고 수원 관리

AI와 디지털 기술로 정수장은 스마트 물 공장으로 진화 중이다. 자율 운영과 에너지 관리, 이상 감지 등 AI 기술은 효율성과 안전성을 높여 지속 가능한 물 공급을 가능하게 한다. 또한, 빅데이터 분석, 딥 러닝 모델 활용, 실시간 예측으로 수원 관리 효율을 높인다. 드론, 위성, IoT 센서 데이터를 분석하여 녹조 발생, 오염원, 수질 변화를 예측하여 효율적인 수자원 관리, 수질 오염 예방, 안전한 먹는 물 공급에 활용한다.

스마트화되는 물 공장

정수장은 단순한 음용수 생산 시설에서 벗어나 AI와 디지털 기술을 통해 스마트화되고 있다. 이는 물 관리의 효율성과 안전성을 향상시키고 지속 가능한 물 공급을 위한 새로운 기준을 제시한다. 스마트 정수장 구축을 위해 도입된 주요 AI 기술은 자율화된 운영 시스템과 공정에서의 최적 에너지 관리, 예측적인 운영 설비의 관리, 영상 감시의 활용 등의 주요 요소로 나뉜다.

첫째, 자율 운영은 정수 공정에서 인간의 개입을 가급적 줄임으로써 오류 발생 가능성을 낮추는 것을 기본 목표로 한다. 탁도, 염소 농도, pH와 같은 수질 변수와 수온, 기온 등 환경변수를 실시간으로 모니터링하고, AI는 이 데이터를 분석하여 최적의 약품 주입량과 처리 조건을 자동으로 결정하거나 사람의 피드백을 받는다. 이를 통해 복잡하고 변화하는 정수 공정을 안정적으로 관리하고, 운영자의 주관적인 판단을 줄여 안정적이고 신뢰할 수 있는 운영을 가능하게 한다. 우리나라의 "광역 SWM AI 정수장 구축사업"은 자율 운영의 대표적인 사례이다. 2021년 화성 정수장에서 시범 도입 후 성과 검증을 거쳐 1단계로는 2024년까지 전국 43개 광역 정수장으로 확대되고 있다.

둘째, AI 기반의 정수장 에너지 관리는 정수 과정에서 에너지 소비를 최적화하는 데 중점을 둔다. 에너지는 정수 공정에서 가장 큰 운영비용 중 하나이므로, 특히 보통 높은 지대에 설치되는 정수장인, 수원으로부터 물을 끌어올리는 가압(펌핑) 공정과 같은 에너지 집약적인 단계에서는 효율적인 에너지 사용이 필수적이다. AI는 수요 예측 데이터를 기반으로 펌프 작동 스케줄을 최적화하여 에너지 소비를 줄이고, 최소 전력으로 최대 물 생산 효율을 달성한다. 이는 에너지 비용 절감과 온실가스 배출 저감에 기여한다. AI 정수장의 도입에 따라 스마트 에너지 관리 시스템(EMS, Energy Management System) 도입으로 수 퍼센트(%)에서 많게는 10% 내외의 전력비 절감 효과를 달성, AI 기반 에너지 최적화 가능성을 보여주었다. 정수장만의 사례는 아니지만, 인구 120만 명인 캐나다 캘거리의 AI EMS 시스템(HARVI)은 수 처리 시설의 실시간 펌프 스케줄을 AI로 생성, 운영비용을 최소화하고자 시도하였는데, 기존의 운영방식 대비 21%의 에너지 절감 효과를 달성함으로써 시스템 도입비용의 회수 기간(payback period)을 수개월 만에 달성했다는 보고도 있다.

셋째, 예지 보전은 설비 고장을 사전에 예측하고 예방

하는 기술이다. 펌프, 모터, 밸브와 같은 주요 장비의 진동, 온도 데이터를 실시간으로 분석하여 고장 발생 가능성을 예측하고, 적시에 유지 보수를 수행한다. 이는 장비 수명 연장과 예상치 못한 고장으로 인한 운영 중단을 예방하여 안정적인 물 공급을 가능하게 한다.

마지막으로, 지능형 영상 감시는 CCTV와 AI를 결합하여 정수장의 안전과 이상 상황을 실시간으로 모니터링한다. 외부 침입, 작업자 안전사고, 배관 누수, 화재 등을 즉각적으로 감지하고 필요한 조치를 취할 수 있도록 한다. 특히, 작업자의 행동을 분석하여 쓰러짐이나 감전 사고를 감지하고 알람을 전송하여 안전성을 강화한다. 지능형 감시 기술은 정수장 내 작업자의 안전을 도모하면서 원격 관리 가능성을 높인다.

AI 기반 수 처리에서의 도전 과제

스마트 정수장은 단순히 효율성을 높이는 것을 넘어 물 관리 체계를 혁신한다. AI 도입으로 물리적 · 화학적 공정을 더욱 정밀하게 제어하고 관리할 수 있게 되었다. 하지만 스마트 정수장 구축에는 고품질 데이터 수집 및 관리 인프라 구축, AI 모델의 전이성을 높이는 기술적, 제도적 지원 등 몇 가지 과제가 남아 있다.

특히, 정수장의 공정은 매우 다양하고 물리적·화학적 해석 방법 또한 각기 다르기 때문에 AI 기술 도입 과정에서 전문가 및 운영자의 피드백을 반영하는 것이 중요하다. 마치 챗GPT가 3.0에서 3.5(2022년 11월 공개된 후 사람들이 챗GPT를 진정한 챗 에이전트로 인식하기 시작함)로 진화하는 데 사람의 피드백(HF, Human Feedback)이 결정적으로 중요한 역할을 한 것처럼, 스마트 정수장에서도 AI는 전문가의 지식과 경험을 학습하고 이를 바탕으로 더욱 정확하고 효율적인 운영을 가능하게 해야 한다.

예를 들어, 챗GPT는 초기 버전에서 사실과 다른 정보를 생성하거나 편향된 응답을 보이는 문제점을 가지고 있었다. 하지만 HF를 통해 사용자의 피드백을 학습하고 개선함으로써 보다 정확하고 안전하며 유익한 정보를 제공하는 모델로 발전할 수 있었다. 이와 비슷하게, 현재의 스마트 정수장에서도 AI는 단순히 데이터 분석에만 의존하는 것이 아니라, 전문가의 경험과 직관을 반영하여 실제 운영 환경에 최적화된 의사 결정을 내릴 수 있도록 발전하고 있는 것이다.

현재 정수장의 AI 전환은 매우 잘 이루어지고 있기는 하지만, 정수 과정 시뮬레이션을 기반으로 한 최적화 개념보다는 획득 가능한 기존 데이터를 활용해 정상적이고 안정적인 운영을 추구하는 것에 더 가깝다. 자동차의 자율주행에 비유하자면, 차선 변경 등의 완전 자율주행보다는 레벨 2 수준의 운전자 보조 시스템으로 보는 것이 가능하다.

최근에는 안정적인 데이터 기반 운영을 넘어 시뮬레이션을 기반으로 최적화를 접목하는 보다 진보된 방법, 즉 디지털 트윈과 관련된 기술에 대한 관심이 높아지고 있다. 디지털 트윈은 정수장의 가상 모델을 통해 실제 프로세스를 실시간으로 복제하여 AI가 실제 운영을 중단하지 않고 새로운 매개변수나 비상 시나리오를 실험할 수 있도록 한다. 탁도, 염소 농도, pH, 펌프 진동, 온도 판독값 등 센서의 실시간 데이터를 이 가상 환경에 통합하면 AI는 수 처리용 약품 투입 전략 및 운영 조건을 업데이트하고 에너지 사용 일정을 최적화하며 시스템 오류 발생 가능성을 예측하는 데 도움이 되는 광범위한 시뮬레이션을 수행할 수 있다.

이러한 접근 방식은 고품질 데이터, 신뢰할 수 있는 센서 및 통신 인프라를 필요로 한다. 측정의 사소한 부정확성이라도 예측 모델의 성능을 저하시킬 수 있기 때문이다. 또한 특히 AI가 수질에 직접적인 영향을 미치는 수 처리 프로세스를 자율적으로 조정할 수 있도록 허용할 경우, 업계와 규제 기관이 협력하여 추가적인 물 안전 관련 표준도 마련해야 한다.

먹는 물의 처리에서 AI와 디지털 기술을 활용하면 효율성과 안전성을 동시에 확보할 수 있다. 하지만 더 높은 수준의 자율성을 위해서는 디지털 트윈의 구현, 상세한 시뮬레이션 분석 등으로 AI의 잠재력을 활용하되, 그 방식은 신중한 규제 프레임워크를 통해 책임감 있고 지속 가능한 것이어야 한다. 이 과정에서 도메인 참여자의 지식과 경험을 적극적으로 활용하고, AI와 인간의 협력을 통해 스마트 정수장의 발전을 이끌어 내는 것이 중요하다.

먹는 물의 수원 관리

하천과 호수는 단순한 물의 흐름과 저장을 넘어 생활·농업·공업용수 공급, 홍수 조절, 생태계 유지, 레저 활동 등 다양한 가치를 지닌다. 특히 수 처리 시설의 원수가 되는 저수지의 수질은 매우 중요하다. 원수 수질 악화는 정수 처리 비용과 에너지 증가, 처리된 물의 안전성의 신뢰도 저하를 야기한다. 넓은 범위를 다루면서도 관측 밀도가 낮은 이 분야는 과거 통계 및 시뮬레이션 기법에 의존했으나, 최근 AI 기술, 특히 딥 러닝 기술이 적극적으로 도입되고 있다.

과거에는 현장에서 직접 물을 채수하고 실험실에서 분석하는 전통적인 방식에 많이 의존했는데, 이 방식은 시간과 비용이 많이 들고, 실시간 모니터링과 신속한 대응이 어려우며, 샘플링 지점이 제한적이라는 문제가 있었다. 반면 드론, 위성, IoT 센서 등으로부터 수질 데이터를 광범위하고 연속적으로 수집하고 AI 알고리즘으로 분석하면 저수지 전반의 수질 상태 시뮬레이션은 물론, 기상 상황에 따른 원수 수질 변화 예측 및 대응 방안 마련이 가능하다.

AI 기반 수질 관리 시스템은 다음과 같은 단계로 구성될 수 있다. 첫째, 드론, 위성, IoT 센서 등을 통해 다양한 형태의 수질, 기상, 지형 데이터를 취합한다. 둘째, 이렇게 방대한 양의 정보를 AI 알고리즘, 특히 딥 러닝 알고리즘이 빠르고 정확하게 분석한다. 셋째, 분석 결과를 바탕으로 언제 어디에서 녹조가 발생할지, 어떤 오염원이 유입되고 있는지 미리 예측하여 경보를 발령하거나, 관리자에게 최적의 대응 방안을 제시할 수 있다. 넷째, 처리 시설이나 녹조 제거 장비 등을 자동으로 제어하여 즉각적인 대응을 가능하게 한다.

최근 원격 탐사 기술이 크게 발전하면서, 인공위성, 항공기, 드론 등을 활용하여 넓은 지역의 지표와 수역 상태를 빠르고 정확하게 파악할 수 있게 되었다. 과거에는 군사 목적이나 대규모 지형, 기상 관측에 주로 쓰이던 이 기술이 이제는 환경 감시와 재해 예방, 자원 탐사, 특히 수질 관리 분야로까지 확장되었다.

이 원격 탐사 기술이 제공하는 대규모 영상, 분광, 데이터 들은 AI가 분석하기에 적합한 '빅데이터'로 볼 수 있다. 예를 들어 녹조가 발생하면, 위성이나 드론으로 찍은 영상에서 녹조가 분포된 부분의 색상과 스펙트럼 특성이 다른 영역과 구분되기 때문에, AI 알고리즘(머신 러닝, 특히 딥 러닝)을 통해 오염 수준이나 녹조 확산 범위를 자동으로 판별할 수 있다. 이때 영상 분석에 특화된 합성곱 신경망(CNN)이 유용하게 활용된다. 이는 이미지나 영상 데이터를 분석하는 데 특화된 딥 러닝 모델로, 이미지 내의 특징을 추출하여 객체를 인식하고 분류하는 데 효과적이다. 수질 오염 인식의 목표는 AI를 사용하여 영상 데이터에서 오염 물질의 존재, 농도, 분포 패턴 등을 자동으로 감지하는 것이다. 또한 특정 오염 물질이 수역으로 유입될 경우, 분광 분석으로 그 물질의 분포와 농도를 추적할 수 있다.

또한 영상 분석에 적합한 합성곱 신경망과 시계열 분석에 강점이 있는 순환 신경망(RNN) 등의 모델을 연계하여 활용하면, 위성, 드론이 수집한 대규모 영상 및 수질 데이터를 체계적으로 처리할 수 있다. 순환 신경망은 순차적인 데이터, 즉 시간의 흐름에 따라 변하는 데이터를 분석하는 데 적절한 딥 러닝 모델로서, 과거의 데이터가 현재와 미래의 데이터에 영향을 미치는 경우에 유용하며, 자연어 처리, 음성 인식, 주가 예측 등 다양한 분야에서 활용된다. 수질 관리에서는 이러한 기법을 사용하여 수온, 수소 이온 농도(pH), 용존 산소량(DO) 등 시간의 흐름에 따라 변하는 수질 데이터를 분석하고 미래의 수질 변화를 예측하는 데 널리 활용한다. 최근에는 어텐션(Attention) 메커니즘 기반 트랜스포머(Transformer) 모델의 성능이 빠르게 발전하여 순환 신경망 계통의 모델이 가진, 데이터가 길어질 때 앞부분의 중요 내용을 쉽게 잊어버리는 약점을 어느 정도 해소하고 있긴 하지만, 현재까지는 CNN과 RNN의 활용 사례가 많다.

저자가 참여한 녹조 모니터링 프로젝트는 이러한 기술의 실제 적용 사례 중 하나다. 과거에는 현장 채수를 통해 얻은 점(點) 단위 자료로 녹조 현황을 대략적으로 추정하는 데 그쳤지만, 이후 녹조 측정 장비와 고해상도 위성(Sentinel-2) 자료를 결합해 AI 머신 러닝을 적용한 경우, 예측 정확도가 높은 수준으로 나타났다.

향후 AI 알고리즘은 점점 더 고도화되고, 특히 이를 기반으로 한 데이터가 축적될수록 예측 정확도도 계속 높아질 것이다. 더 나아가, 과거의 녹조 발생 기록과 기상, 수질 데이터를 학습한 시계열 예측 AI가 녹조 발생 가능성을 검토하여 오염 상황에 대한 사전 경고를 보내거나 수질 악화의 요인을 제어하기 위한 시나리오를 제시하도록 고도화하는 연구가 지속되고 있다. 또한 최근에는 수질 관리를 위한 로봇 도입도 이루어지고 있는데, 감시, 청소, 오염 제거 작업 등이 자동화되면 관리 비용을 줄이는 동시에 대응 능력도 높일 수 있다.

참고문헌

김성훈(2022). 물 분야 디지털 기술의 현재와 미래. 한국수자원공사. ≪Journal of Water Policy & Economy≫, 37, 78-90쪽.

변유경 외(2021). 고해상도 위성영상을 활용한 낙동강 녹조탐지기법 비교 및 분석. ≪대한원격 탐사학회지≫, 37(3), 493-502쪽.

이혜숙 외(2023). 녹조 면단위 관측 및 머신러닝 분석을 통한 신규댐 저수지의 위성영상 기반 녹조추정 기술 정확도 개선 연구. *GEO DATA*, 5(3), 126-136쪽. https://doi.org/10.22761/GD.2023.0021

Mak, P.(2017). Smart water: EMAGIN is using artificial

intelligence to make managing water utilities and industries safer and greener. Altitude Accelerator. https://altitudeaccelerator.ca/smart-water-emagin-is-using-artificial-intelligence-to-make-managing-water-utilities-and-industries-safer-and-greener/

05

AI와 도시의 물

AI는 도시 하수도 시스템 관리 및 수질 분석에 혁신을 가져온다. 도시 내 센서, CCTV 영상 등을 AI로 분석하여 도시 물 인프라의 이상 가능성을 예측하고, 실시간 관로 상태 감지, 신속한 대응, 효율적인 유지 보수 계획 수립이 가능하다.

또한, AI는 도시의 물과 화학물질 농도를 분석하여 도시 환경 변화를 추적한다. 유럽의 불법 약물 사용량 모니터링, COVID-19 팬데믹 시기 하수 기반 역학조사는 AI가 공중 보건 및 방역에 기여하는 대표적 사례이다.

도시 지하의 상태 분석

현대 도시의 하수도 시스템은 수많은 배수관과 처리 시설이 복잡하게 얽혀 있어, 안정적인 운영과 적절한 유지 보수가 필수적이다. 전통적으로 하수도 시스템은 정기적인 점검과 사후 처리에 의존하였지만, 이는 예기치 못한 사고나 시설물 노후화 등의 문제에 즉각적으로 대처하기 어렵다는 한계를 지닌다. 따라서 시설 전반의 상황을 실시간으로 파악하고, 고장 발생 가능성을 미리 예측하여 사전에 대비할 수 있는 기술이 절실히 필요해졌다. 이러한 상황에서 AI 기반 예측 유지 보수는 하수관로나 처리 시설에 부착된 다양한 센서로부터 수집되는 데이터, CCTV 영상을 활용해 하수관 내부를 관찰한 자료, 과거의 유지 보수 이력 등을 종합적으로 분석함으로써 기존 방식에서 한 단계 더 진화된 관리를 가능케 한다. 예컨대 하수관 내부에 설치된 센서는 유량, 수위, 압력, pH, 온도 등 복합적인 정보를 실시간으로 전송하며, AI는 이를 빠르게 처리하여 관로의 상태 변화를 감지한다. 만일 누수나 막힘 혹은 파손 등이 의심되는 이상 징후가 감지되면, 곧바로 관리자에게 경고를 보내고 문제 지점을 구체적으로 알려주어 신속한 대응을 유도한다.

또한 CCTV를 통해 하수관 내부 영상을 주기적으로

촬영하고 이를 AI가 분석하도록 하면, 사람이 직접 눈으로 확인하기 어려운 미세 균열이나 퇴적물 축적 현상도 보다 빠르고 정확하게 파악할 수 있다. 딥 러닝 기반의 이미지 인식 기법을 사용하면, 관로 벽면의 갈라짐이나 이물질 침투 등 물리적 결함까지 정확도 높게 식별할 수 있어, 사소해 보이는 문제라도 예방조치를 취할 수 있다.

결국 이러한 예측 모델링 체계를 통해 AI는 과거 유지보수 기록과 실시간 센서 · 영상 데이터를 학습, 시설물의 고장 발생 가능성(언제, 어디에서 문제가 일어날지)을 예측하고 사전에 문제를 차단하는 역할을 수행한다. 이를테면, 누적된 하수관 파손 사례에서 일정한 패턴을 발견해내어, 특정 지역의 관로가 어떤 시점에 붕괴 위험이 높아질지 미리 알려주는 식이다. 이러한 정보는 관리자가 유지 보수 계획을 더 효율적으로 세우는 데 큰 도움이 되며, 불필요한 비용을 최소화하고, 사고 발생 시 도시 기능이 저하되는 상황을 예방하는 데 기여한다.

이미 여러 도시에서는 AI 기반 하수도 관리 시스템을 도입해 운영 효율성을 높이고 있다. 미국 오하이오 주 신시내티의 사례가 대표적으로, 급격한 집중호우 등으로 인해 하수가 넘쳐흐르는 현상(CSO, Combined Sewer Overflow)이 발생하기 쉬운 구간을 AI가 미리 파악하고 펌프 작동을 적시에 조절해 이러한 오버플로 위험을 줄이는 방식으로 운영 중이다. 독일에서는 하수관을 조사하는 로봇에 AI를 접목하여, 수집된 내부 영상을 3차원 모델로 시각화하고 결함을 자동 감지하는 연구가 활발히 이뤄지고 있다. 한국에서도 스마트 하수관리 시스템 확산을 위해 AI를 활용하는 방안이 검토되고 있으며, 하수관과 시설물을 효율적으로 관리하여 도시민의 삶의 질과 도시 환경의 지속 가능성을 모두 끌어올리려는 노력이 진행되고 있다.

물속에 드러나는 도시의 모습

AI 기술은 노후 시설물의 예측 유지 보수에만 활용되는 것이 아니다. 하수도 시스템을 흐르는 물과 그 속에 포함된 화학물질의 농도를 추적·분석하는 데에도 뛰어난 능력을 발휘한다. 특히 새로운 미량 물질, 즉 최근에 사용이 증가하고 있거나 과거에는 잘 검출되지 않았던 의약품이나 산업용 화학물질 등이 도시 하수로 유입되는 과정을 실시간 혹은 준실시간으로 관찰할 수 있게 해준다는 점에서 AI는 도시 환경 관리를 한 차원 진보하게 하는 기회를 준다.

이 과정에서 AI가 큰 역할을 하는 이유는 방대한 양의 데이터에 숨겨진 인과관계나 패턴을 찾아내는 능력에 있다. 새로운 물질이 특정 시점, 특정 지역에서 대량 방출되기 시작했을 때, 이를 가장 먼저 알아챌 수 있는 곳이 하수 처리 시설이나 배수관로이기 때문이다. AI는 과거의 수질 데이터, 물 사용량 추이, 지역 인구 통계, 산업 구조 변화 등을 종합적으로 분석하여 언제, 어떤 경로로, 어느 정도의 농도로 새로운 물질이 흘러들어올지 등을 예측할 수도 있다. 예를 들면, 신종 화학물질이 특정 공업 단지에서 사용되기 시작하면 하수 처리 시설 쪽에서 그 농도가 갑자기 높아지는 패턴이 감지될 수 있는데, AI는 이를 신속히 파악해 관리 당국이나 안전 관리자에게 경고할 수 있다.

또 다른 측면에서 AI는 가상 시뮬레이션을 통해 하수 처리 시설이 이 새로운 물질을 적절히 처리할 수 있을지, 혹은 처리하지 못한다면 결과적으로 어떤 문제를 야기할지 미리 평가하도록 지원한다. 향후에는 머신 러닝이나 딥 러닝 모델이 하수 처리 시스템의 작동 방식과 반응 메커니즘을 학습함으로써, 이 물질이나 오염원을 제거하기 위해 추가로 어떤 공정을 도입해야 하는지를 알려주거나, 현 시설로 처리 가능한 범위는 어느 정도인지 등을 제시해 줄 수도 있을 것이다.

이는 단지 환경 문제에 그치는 것이 아니라, 시민 건강 보호와도 연결된다. 예컨대 새로운 의약품이나 화학물질이 제대로 처리되지 않은 채 물속에 남아 있다면 농축 과정을 거치면서 인체 유해성이나 생태계 악영향이 발생할 가능성이 있다. AI가 이러한 상황을 미리 예측해 준다면, 도시 차원의 선제적 조치가 가능해진다.

하수도는 도시 생활을 집약적으로 반영하는 거울이라고도 한다. 가정과 산업 활동에서 배출되는 다양한 물질들이 하수관을 통해 모이므로, 이를 분석하면 도시민들의 생활 패턴, 건강 상태, 나아가 사회적 · 경제적 변동까지 파악할 수 있기 때문이다. 이제 AI는 이 방대한 하수 데이터에서 의미 있는 정보를 뽑아내어, 도시 생활과 환경 정책 전반에 새로운 시사점을 제공하는 도구로 자리 잡을 수 있다.

예컨대 도시민들의 식습관 변화를 추적하고자 할 때, 하수 성분 중 특정 음식물과 관련된 단백질이나 비타민과 같은 물질(Biomarker: 생체표지자)이 검출되는지를 AI가 분석하면, 보건 정책이나 영양소 섭취 독려 캠페인 등에 반영할 만한 유의미한 시사점을 얻을 수 있다. 물론, 이들의 농도는 극히 낮은 편이어서 이를 분석하기 위해서는 매우 정밀한 실험실 수준의 장치와 충분한 양의 데이터가 필요하다. 이와 같은 접근법이 보다 실체화된 사례로, 불법 약물 사용량을 모니터링하기 위해 하수 내 코카인 · 암페타민 등 특정 물질의 농도를 추적하는 기술이 유럽을 중심으로 연구되고 있는데, 20개국 76개 이상의 도시에서 이러한 프로그램에 참여했다고 한다. AI 알고리즘은 하수 분석 결과와 인구 통계, 이동량, 계절적 변동 등을 종합해 지역별 · 시간대별 약물 사용량 변화를 보다 정교하게 추산한다. 이는 마약 범죄 예방이나 재활 프로그램을 계획하는 데도 활용될 수 있다.

이를 하수 기반 역학조사라고 하는데, COVID-19 팬데믹 시기에 하수 분석이 감염 확산 지표로 부각된 사례가 전형적인 예다. 하수에 포함된 바이러스 RNA 농도를 측정해 지역 전체의 감염 추세를 추론하고, AI 모델이 이를 기상 정보나 이동 패턴, 백신 접종률과 결합해 종합 분석함으로써, 대규모 확산을 조기에 감지할 수 있다는 점이 주목받았다. 또한 AI는 하수 샘플에서 새로운 변이 바이러스가 출현했는지 여부를 빠르게 알아내려는 노력에도 기여함으로써, 공중 보건과 방역 체계를 업그레이드할 수 있는 가능성도 있다.

궁극적으로 이러한 물 데이터 분석 체계는 도시 계획과 행정 전반으로도 확장될 수 있다. 예컨대 상수도 사용량이나 하수 흐름이 일정 시기에 특정 지역에 집중된다는 결과를 얻으면, 해당 지역의 배수 시설을 확충하거나 재배치해 침수 피해를 줄일 방안을 모색할 수 있다. 하수 구성 성분 변화를 통해 특정 지역에서 발생하는 환경 문제를 미리 파악하고, 그에 맞춰 오염원의 배출량 억제 방안을 도입할 수도 있다. 이처럼 AI가 도시의 물 데이터를 종합적으로 분석해 주고 이를 투명하게 공유할 수 있다면, 가까운 미래에 행정당국과 시민이 함께 데이터 기반 의사 결정을 내리는 모습도 상상할 수 있을 것이다.

참고문헌

장진화 외(2023). 국가 하수(下水) 기반 감염병 감시체계 구축 및 운영. Public Health Weekly Report, 16(14), 424–438. https://doi.org/10.56786/PHWR.2023.16.14.2

European Monitoring Center for Drugs and Drug Addiction(2018). Wastewater anlaysis and drugs: a European multi-city study.

Jho E. H., et al.(2019). Wastewater-based epidemiology for the management of community lifestyle and health: An unexplored value of water infrastr 1 ucture. *Journal of Korean Society of Water and Wastewater*. 33(1). 63-75. https://doi.org/10.11001/jksww.2019.33.1.063

Maroju, R. G., et al.(2023). Application of artificial intelligence in the management of drinking water: A narrative review.

Cureus, 15(11), Article e49389.
https://doi.org/10.7759/cureus.49389

06
AI와 물 서비스

AI를 통해 개인 맞춤형 서비스를 접목하는 사례가 조금씩 증가하고 있다. 이를 위한 데이터의 수집은 정교해야 하며, 물 관리 데이터 수집을 위해 실제 환경에서 사용자 참여를 통해 기술을 개발하고 검증하는 플랫폼인 리빙랩(Living Lab)이 활성화 되고 있다. 리빙랩은 AI를 위한 데이터의 수집뿐만 아니라 다양한 이해관계자 협력을 통해 지속 가능한 물 관리 시스템 구축에 기여한다.

물과 개인화 서비스

물 관리에서 AI를 개인화된 서비스 측면으로 잘 활용하는 분야는 농업이다. 미국 부셸(Bushel)사의 농업데이터 관리 및 플랫폼은 농부들이 농작물 생산량을 늘리고 운영 효율성을 높일 수 있도록 다양한 데이터를 기반으로 의사 결정을 지원한다. 센서, 기상 데이터, 토양 정보 등 농장의 다양한 데이터 소스를 수집하고 분석하여 농부들에게 유용한 정보를 제공한다.

예를 들어, 토양 수분, 강우량, 증발량 등의 데이터를 실시간으로 제공하여 관개 시점과 관개량을 결정하는 데 도움을 주어 물 사용량을 줄이고 농작물의 생육 조건을 최적화할 수 있도록 한다. 또한, 스마트 관개 시스템과 연동하여 토양 수분 상태에 따라 자동으로 관개를 조절함으로써 노동력을 절감하고 물 사용 효율을 높이는 데 기여한다. 뿐만 아니라 과거의 데이터와 기상 예측 정보를 분석하여 농작물의 생육 상태를 예측하고, 물 부족 또는 과잉 공급으로 인한 피해를 예방할 수 있도록 지원하기까지 한다.

생활용수 공급 측면은 어떨까? 겨울철 가정의 계량기 동파를 AI로 예측한 사례가 있다. 동파는 물 사용 불가, 2차 피해 및 계량기 교체 비용 발생 등 많은 사회적 비용을 발생시키고 있지만, 각 가정의 물 공급량을 측정하는 스마트 미터링 장치의 보급률은 아직 낮은 수준이다. 이에 소수의 스마트 미터링 자료를 AI로 학습시켜 전국적으로 기온 하강에 따른 동파 확률을 도출한 후, 온도 센서에서 취득한 자료를 바탕으로 온도 센서가 없는 지역의 온도를 예측하는 AI 기반의 온도 예측 모델을 개발하고 실증화를 거쳐 전국을 대상으로 수도 계량기 동파 위험 정보 서비스를 제공하고 있다.

또한 물과 AI 기술을 융합하면 고령화 사회의 주요 과제인 독거노인의 안전과 건강 문제 해결에도 기여할 수 있다. 대전시 상수도사업본부는 국내에서 선도적으로 AI를 활용한 독거노인 케어 서비스를 제공하고 있다. 독거노인의 물 사용량 데이터를 실시간으로 분석하여 일정 기간 사용량이 없을 경우 사회복지사에게 알림을 전송하여 잠재적인 응급 상황이나 건강 문제에 신속하게 대응할 수 있도록 지원하는 방식이다. 해외에서도 AI 기반 물 관련 서비스가 활발하게 개발되고 있다. 영국의 수도 회사인 템스 워터(Thames Water)는 AI를 활용하여 누수를 감지하고 노인의 일상생활 변화를 파악하며, 일본의 도쿄가스는 물과 가스 사용량 데이터를 결합하여 이상 징후를 감지하고 고객에게 안전이나 건강 문제를 알리는 서비스를 제공한다. 이러한 서비스들은 AI 기반 물 관리 서비스의 핵심이 데이터에 있음을 보여주는 사례들이다. 다양한 출처에서 수집된 물 사용량 데이터는 AI 알고리즘을 통해 분석되어 개인의 건강 상태, 생활 패턴 변화, 잠재적인 위험 상황 등을 파악하는 데 활용된다.

하지만 이러한 서비스는 개인의 물 사용량 데이터를 수집하고 분석하기 때문에 개인정보 보호에 대한 우려가 제기될 수 있으므로 신중한 접근이 필요하다.

AI 서비스를 위한 리빙랩

주지하다시피 AI 시대에는 효용가치가 높은 데이터를 모으는 것이 중요하다. 이를 위한 실증화 방법을 소개한다. 리빙랩은 '살아 있는 실험실'이라는 뜻으로, 실제 생활 환경 속에서 사용자들이 직접 참여하여 다양한 기술과 서비스를 개발하고 검증하는 개방형 플랫폼이다. 기술을 개발하는 것에만 그치는 것이 아니라, 사용자의 경험과 피드백을 실시간 또는 준실시간으로 반영하여 실질적인 문제 해결에 초점을 두는 것이 그 특징이다.

최근에는 AI, IoT, 빅데이터 기술을 활용하여 실시간 데이터를 수집하고 분석하는 리빙랩이 물 관리 시스템의 효율성을 높이는 데 중요한 역할을 하고 있다. 예를 들어, 스마트 미터기, 센서, IoT 기기를 통해 수집된 물 사용량, 수질, 누수 등에 대한 데이터는 AI 알고리즘을 통해 분석되어 물 사용량 예측, 누수 감지, 수질 오염 예방 등에 활용될 수 있다. AI는 과거의 물 사용 패턴을 분석하여 미래의 물 수요를 예측하고, 이를 바탕으로 효율적인 물 배분 계획을 수립할 수 있도록 돕는다. 또한 센서를 통해 수집된 수질 데이터를 AI가 실시간으로 분석하여 오염 발생 시 신속하게 대응하고, 예측 유지 보수를 통해 시설물의 효율성을 높일 수 있다.

해외에서는 이미 다양한 리빙랩이 운영되고 있다. 덴마크의 Water Living Lab은 디지털 트윈 기술을 활용하여 식수 공급 시스템의 효율성을 높이고 있다. 디지털 트윈은 실제 시스템을 가상 환경에 복제하여 시뮬레이션을 통해 다양한 상황을 예측하고 문제 발생 시 최적의 해결 방안을 찾는 데 활용된다. 한국의 부산 에코델타 스마트시티는 스마트 빌리지를 리빙랩으로 활용하여 시민들이 직접 스마트 워터 기술을 체험하고 피드백을 제공함으로써 기술 개발에 참여하고 있다.

리빙랩은 사용자, 지자체, 기업, 연구기관 등 다양한 이해관계자들이 참여하여 공동의 목표를 설정하고 문제 해결을 위해 협력하는 플랫폼이다. 각 이해관계자는 리빙랩에서 자신의 의견을 개진하고, 다른 이해관계자들과 상호작용하며 문제 해결을 위한 최적의 방안을 모색한다. 리빙랩에서 수집된 데이터와 이해관계자들의 의견은 과학적이고 효율적인 의사 결정을 지원하는 데 활용된다. 리빙랩은 실제 환경에서 다양한 실험과 검증을 수행함으로써 정책 입안자들에게 정확하고 신뢰할 수 있는 정보를 제공한다. 또한, 시민들의 의견을 직접 수렴하고 반영함으로써 정책의 수용성을 높이고 효과적인 정책 실행을 가능하게 한다.

그리스의 Water For Tomorrow 프로젝트는 과학자와 정책 입안자들의 협력을 통해 지속 가능한 물 관리 정책을 개발하는 대표적인 사례이다. 특히, 시스템 혁신 접근법(SIA, System Innovation Approach)을 활용하여 사회-생태-기술 시스템 간의 상호작용을 분석하고 이해관계자들과의 협력을 통해 문제 해결 방안을 모색한다. 시스템 혁신 접근법은 문제를 경제, 사회, 기술, 조직과 같이 단일한 원인에 초점을 두지 않으며, 전체 시스템을 근본적으로 바꾸는 지속 가능한 솔루션의 구축을 목표로 한다. 이와 비슷한 사례로서 인도네시아의 Citarum Living Lab은 국제 연구 컨소시엄, 정부, NGO, 기업, 지역 주민 등 다양한 이해관계자들이 참여하여 수질 오염 문제 해결을 위한 사회 기술적 실험을 수행한다. 이탈리아의 ULTIMATE 프로젝트는 다양한 분야의 이해관계자들이 참여하는 워크샵을 통해 물 관련 문제 해결을 위한 혁신적인 아이디어를 발굴하고 공유하는 방식으로 운영된다.

리빙랩은 AI, IoT, 빅데이터 기술과의 융합을 통해 물 관련 서비스 혁신을 위한 효과적인 도구로 자리매김하고 있다. 해외의 다양한 사례에서 볼 수 있듯이, 리빙랩은 사용자 참여, 이해관계자 협력, 체감형 데이터 기반 의사 결정을 통해 지속 가능한 물 관리 시스템 구축에 기여할 수 있다. 리빙랩을 성공적으로 운영하기 위해서는 지역 특성을 고려한 리빙랩 구축, 다양한 이해관계자 참여 유도, 데이터 기반 리빙랩 운영, 시민 참여 활성화, 결과 공유 및 확산 등의 노력이 필요하다.

물 서비스와 가전 박람회

잘 알려진 디지털 가전 박람회 CES(Consumer Electronic Show)에서도 물과 관련된 서비스 기술이 증가하고 있는 것으로 보인다. CES 2025에서는 접근 가능한 식품, 깨끗한 공기, 깨끗한 물, 이동성, 헬스케어 기술 등 인간의 근본적인 문제에 대한 해결책을 제시하는 4000개 이상의 기업들이 혁신 기술들을 제시했는데, 개인화된 가전에서 건강과 관련된 물 서비스와 지속 가능한 물 관리는 최근에 들어서야 주목받고 있는 편이다. 우리의 관심에만 국한해 보면, 우선 개인 맞춤형 수분 공급 기술이 주목받았다. 개인의 건강 상태, 활동량, 생활 환경 등을 고려하여 최적화된 수분 섭취를 돕는 기술이다. 스마트 물병과 앱을 통해 개인별 수분 섭취량을 추적하고, 맞춤형 수분 섭취 계획을 제시하는 서비스가 등장했다. 또한, 물을 자주 채워야 하는 번거로움을 줄이면서 지속적인 수소수 공급이 가능한 대용량 수소수 병도 선보였다. 물론 수소수의 산화 스트레스 저감 효과와 세포 건강 개선 효과 등에 대해서는 여전히 과학적 논의가 진행 중이지만, 여기서는 순수한 상품 가치나 서비스만을 언급한 것임을 밝혀둔다.

스마트홈과의 통합도 주목할 만하다. 가정 내 물 사용량을 실시간으로 모니터링하고 제어하는 스마트홈 기술이 발전하면서 누수 감지 및 물 사용량 최적화 기능을 갖춘 스마트 센서도 출품되었다. 정수기에 AI 기반 개인 맞춤형 기능을 갖춘 건강 관리 기기와 연동형 제품이 등장한 것도 흥미롭다. AI와 빅데이터 측면에서는 개인의 건강 관리 영역으로의 확장을 위해 엣지 컴퓨팅, 디지털 트윈 기술, 마이크로소프트의 Insights Hub 등의 산업용 IoT 솔루션 활용까지도 제시되고 있다. 이들 제품의 시장 경쟁성과는 별개로 향후 물 서비스 분야의 변화상이 기대되는 부분이다.

참고문헌

딜로이트 안진(2024). CES 2025 Debriefing: 연결하고, 해결하며, 발견하고, 깊이 탐구하라. Deloitte Korea, https://www2.deloitte.com/kr/ko/pages/insights/topics/ces2025.htm

삼일PwC 경영연구원(2024). Dive-in AI, CES 2025 미리보기. PwC Korea, https://www.pwc.com/kr/ko/insights/samil-insight/ces2025-preview.html

삼정KPMG 경제연구원(2024). CES 2025 프리뷰: 미리 보는 CES 트렌드. KPMG 한국, https://kpmg.com/kr/ko/home/media/press-releases/2024/12/press-release-20.html

이남정 외(2021). 도시 수자원 리빙랩 적용사례 분석: 김해시 삼방워터 리빙랩을 중심으로. ≪한국IT서비스학회지≫, 20(6), 141–150쪽, https://doi.org/10.9716/KITS.2021.20.6.141

이진욱 외(2023). 빅데이터 기반 인공지능 동파위험 정보서비스 개발을 위한 연구. ≪한국건설관리학회논문집≫, 24(3), 42–51쪽. https://doi.org/10.6106/KJCEM.2023.24.3.042

Consumer Technology Association(2025). CES 2025.

https://www.ces.tech/

Leaf(2025). Bushel's Bushel Farm improves farmer UX with Leaf integration. https://withleaf.io/en/customers/bushel-s-bushel-farm-improves-farmer-ux-with-leaf-integration

07
AI와 물 관련 사회간접자본

디지털 트윈은 실제 수자원 인프라를 가상공간에 복제하여 물 관리를 최적화하는 기술이다. 멀티모달(Multimodal) AI는 공간 정보, CCTV 등 다양한 데이터를 활용하여 디지털 트윈을 더욱 현실적으로 만든다. 멀티모달 AI를 활용하여 물 관리 시설물의 안전을 효과적으로 관리할 수 있다. 하지만 AI 기술 발전과 함께 데이터 센터의 물 소비량 증가는 해결해야 할 과제로서, 냉각수 재활용 기술 개발 등 지속적인 노력이 지속되고 있다.

물 관리와 디지털 트윈

디지털 트윈은 현실 세계의 물리적 시스템을 가상공간에 그대로 재현해, 실시간 데이터를 바탕으로 시뮬레이션과 예측을 수행하는 방법론이다. 이를 AI와 함께 물 관리 분야에 적용하면 수도관망, 저수지, 댐, 하수 처리장 등 다양한 수자원 인프라의 실제 운영 상황을 디지털로 복제할 수 있다. 이를 통해 변화하는 기상 조건과 수요 등을 종합적으로 고려해 물 공급 · 처리 계획을 예측 · 최적화할 수 있다.

디지털 트윈을 활용한 물 관리의 첫 번째 단계는 물 관리 공간 자료의 쌍둥이화이다. 이는 실제 수자원 인프라의 지형, 토지 이용, 수리 시설 등의 공간 정보를 디지털로 정밀하게 모델링하는 것을 의미한다. 이러한 공간 정보는 물 흐름 시뮬레이션, 수질 예측, 홍수 위험 분석 등 다양한 물 관리 업무에 활용된다.

두 번째 단계는 물 흐름 자료, 수질 자료 등의 수치 자료 및 물리 기반의 시뮬레이션 AI 쌍둥이화이다. 이는 실시간 센서 데이터, 기상 정보, 수문학적 모델 등을 활용하여 물의 흐름, 수질 변화 등을 실시간으로 모니터링하고 예측하는 것이다. AI 기술을 활용하면 복잡한 수문학(水文學)적 과정을 효율적으로 모델링하고, 불확실성을 고려한 예측을 수행할 수 있다.

마지막 단계는 디지털 트윈을 활용하여 다양한 시나리오를 시뮬레이션하고, 최적의 의사 결정을 지원하는 단계이다. 예를 들어, 가뭄 시나리오별 용수 공급 계획 시뮬레이션, 홍수 발생 시 댐 운영 시뮬레이션, 수질 오염 사고 발생 시 확산 경로 예측 및 대응 방안 시뮬레이션 등을 통해 선제적인 대응 방안 마련 및 효율적인 물 관리 정책 수립을 지원한다. 다만, 진정한 의사 결정 시뮬레이터로서의 물 관리는 사회적 정보까지 포함해야 한다. 인구 분포, 산업 활동, 물 사용 행태, 사회경제적 요인 등을 고려하여 물 관리 정책의 효과를 종합적으로 평가하고, 사회적 수용성을 높이는 것이 중요하다. 이는 앞으로 물 관리 디지털 트윈 기술이 나아가야 할 방향이며, 더욱 발전된 형태의 물 관리 시뮬레이터가 등장할 것으로 기대된다.

디지털 트윈을 더욱 현실적이고 지능적으로 만들기 위해 멀티모달 AI 기술이 활용될 수 있다. 특히 물 관리 AI, BIM, CCTV 데이터를 융합하는 멀티모달 AI는 물 관리 시스템의 효율성과 안전성을 획기적으로 향상시킬 수 있다. 멀티모달 AI는 다양한 유형의 데이터를 동시에 이해하고 융합하는 인공지능 기술이다. 물 관리 AI는 이러한 멀티모달 AI를 물 관리 및 수자원 분야에 적용하는 것을 의미하며, 홍수 예측, 수질 모니터링, 누수 감지, 하수 처리 최적화 등 물 관련 문제 해결에 활용된다.

BIM(Building Information Modeling)이란 건축물의 설계, 시공, 유지관리 단계에 걸쳐 생성되는 모든 정보를 디지털화하여 통합 관리하는 것으로, 수자원 인프라의 3차원 모델링, 자재 정보, 시공 정보 등을 제공한다. 멀티모달 AI는 BIM 데이터를 기반으로 수자원 시설물의 디지털 트윈을 구축하고, 시설물의 상태, 유지 보수 이력 등을 효율적으로 관리할 수 있도록 지원한다.

하천, 댐, 저수지 등에 설치된 CCTV는 실시간 영상 데이터를 제공한다. 멀티모달 AI는 CCTV 영상을 분석하여 수위 변화, 범람 위험, 시설물 안전 상태 등을 실시간으로 모니터링하고, 이상 징후 발생 시 즉각적인 대응을 가능하게 한다.

관련하여 시설물 안전 상태를 확인하기 위한 사업으로 환경부에서 추진하는 스마트 댐 안전관리 사업이 있다. 이 사업은 댐 시설물의 안전 관리를 위해 IoT, AI, 디지털 트윈 등 첨단 기술을 활용하는 것을 목표로 한다. 사업의 핵심 중 하나는 AI로 인지하여 관리하고 보강하는 시스템이다. 즉, 댐 시설물의 이상 징후를 조기에 발견하고 선제적으로 보강하여 안전성을 확보하는 것이다. 여기서 멀티모달 AI는 BIM 데이터, CCTV 영상, 드론 촬영 영상, 센서 데이터 등을 종합적으로 분석하여 댐 시설물의 안전 상태를 정밀하게 진단한다. 균열, 누수, 변형 등 이상 징후를 조기에 감지하고, 위험 요소를 분석하여 적절한 보강 조치를 제안한다. 또한, 댐 운영 데이터, 기상 데이터 등을 활용하여 댐의 안전성을 실시간으로 예측하고, 잠재적인 위험 요소를 사전에 예방할 수 있도록 지원한다.

데이터 센터와 물

AI와 디지털 트윈의 활용이 활발해질수록 데이터 센터의 역할은 더욱 중요해진다. 특히 물 관리와 같이 전 지구적 범위를 다룰 수 있는 문제는 앞으로 데이터 집약 밀도와 해석의 필요성에 따라 매우 많은 데이터 자원을 소모할 수도 있다. 이렇게 많은 데이터를 안정적으로 활용하기 위해서는 거대한 데이터 저장 장치 역할을 하는 데이터 센터가 필수적이고, 열을 방출해야 하는 각종 전자 장비를 식히기 위해서는 많은 양의 물이 소모적으로 사용된다(구글이 소모한 데이터 센터의 냉각수 양이 런던의 4개월 치 물 소모량보다 많다고 한다). 데이터 센터에서 사용되는 물은 증발식 냉각(evaporative cooling) 방식을 통해 열을 식히는 과정에서 대부분 대기 중으로 증발해 버리는 것이다. 더 구체적으로 살펴보면, 데이터센터에서 가장 많이 쓰는 증발식 냉각은 물을 분무하거나 수로(channel)를 통해 흐르게 하고 공기를 통과시키면서 열을 식히는 방식으로서, 이 과정에서 물은 열을 흡수하여 수증기로 변해 공기 중으로 날아가기 때문에 결과적으로 물이 사라진다. 대기 중으로 증발한 물을 다시 모으려면 '응축 설비(condenser)'를 이용하여 대기 중 수증기를 다시 물로 바꿔야 한다. 그러나 대기가 건조하거나 온도 차이가 충분치 않거나 원하는 만큼의 수증기가 모이지 않는 환경에서는 응축 효율이 극도로 낮아진다. 이를 위해서는 추가적인 대형 설비와 많은 에너지가 필요하므로 실제 운영 비용 대비 효용이 낮아 거의 구현되지 않는다. 냉각수는 보통 여러 번 순환하여 사용하기 때문에 물속에 미네랄이나 각종 오염 물질(스케일, 부식성 물질 등)이 축적될 수 있다. 이로 인해 일정 주기마다 물을 새로 교체해야 하며, 회수한 물을 재활용한다고 해도 별도의 정화 · 여과 과정을 거쳐야 한다. 이는 또다시 비용과 인프라 투자를 요구하게 된다.

물 사용을 줄이기 위해 물이 거의 필요 없는 공랭식 냉각(air cooling) 또는 건식 냉각(dry cooling) 등을 적용하기도 하지만, 이러한 방식은 상대적으로 전력 소모나 유지비용이 더 높아질 수 있다. 특히 서버 밀도가 높고 발열이 극심한 AI 연산 서버의 경우 효율성이 높은 액체 냉각이나 증발식 냉각을 주로 택하기 때문에 물 사용량 증가를 피하기가 쉽지 않다. 결국 데이터 센터에서 사용하는 냉각수 중 상당 부분이 물리적으로 회수하기 어려운 방식으로 소모되기 때문에 '물 절약'보다 '친환경 수자원 확보' 또는 '재생에너지 사용과의 조합' 등과 같은 차원에서 접근하는 사례가 늘어난다. 예를 들어 데이터 센터를 낮은 기온의 지역에 지어 자연 냉각(free cooling)을 적극 활용하거나 해수 열교환 시스템을 적용하는 방법 등으로 냉각수 사용을 줄이려는 시도가 진행되고 있다. 네이버가 춘천의 데이터 센터에 댐의 수원을 활용하는 것도 좋은 사례라고 생각된다. 이에 대한 이슈가 부각되면서, 마이크로소프트는 데이터 센터의 냉각수를 100% 재활용하는 '제로워터 냉각' 시스템을 제시했다. 2026년부터 미국 애리조나와 위스콘신 지역의 신규 데이터 센터에 시범 적용될 예정이다. MS는 기존 증발식 냉각 시스템의 높은 물 소비량을 해결하기 위해 냉각수를 재활용하는 Closed Loop(배출이 없음을 의미)을 적용한다고 한다. 이를 통해 데이터 센터 1곳당 연간 1억 2500만 리터의 물 소비량을 절감할 수 있을 것으로 예상된다. 물론 수 처리를 위한 전력 소비량은 약간 증가한다고 하지만, AI 기술 발전에 따른 물 환경 부담을 줄이는 데 도움이 될 것으로 기대된다.

참고문헌

Eimer, A.(2024.11.1). How digital twins are transforming the world of water management. World Economic Forum, https://www.weforum.org/stories/2024/11/why-digital-twins-might-transform-the-world-of-water-management/

Solomon, S.(2024). Sustainable by design: Next-generation datacenters consume zero water for cooling. Microsoft Cloud Blog, https://www.microsoft.com/en-us/microsoft-cloud/blog/2024/12/09/sustainable-by-design-next-generation-datacenters-consume-zero-water-for-cooling/

08
물 관리 AI의 법제화와 안전성

AI 기본법 제정으로 물 관리 분야에서도 AI 활용에 대한 법적 토대가 생성되었다. 재난과 먹는 물 등 민감한 영역을 다루는 만큼, 시스템의 안정성과 신뢰성 확보가 핵심이 될 것이다. 현재로서 AI는 전문가의 검토와 승인이 수반되는 하이브리드 방식으로 운영되어야 하며, 물 관리에서 주류 중심의 데이터 편향성을 극복하고 지역 특성과 사회문화적 가치를 반영한 균형 잡힌 접근이 필요하다.

인공지능을 바라보는 관점

2024년 12월, 국회 본회의에서 「인공지능 발전과 신뢰 기반 조성 등에 관한 기본법」(약칭 'AI 기본법')이 통과되었다. 이 법은 공포 후 1년이 지난 2026년 1월부터 시행될 예정이다. AI 기본법은 인공지능 개발 및 육성을 위한 지원을 확대하는 동시에, AI의 신뢰성 확보 및 위험 예방을 위한 다양한 규제를 도입하여 관련 산업에 큰 영향을 미칠 것으로 예상된다.

특히 AI 기본법은 "고영향 AI"에 대한 규제를 강화한다. 고영향 AI는 사람의 생명, 신체 안전, 기본권에 중대한 영향을 미치거나 위험을 초래할 우려가 있는 인공지능 시스템을 말한다. 예를 들어, 에너지 공급, 먹는 물 생산, 의료, 범죄 수사, 채용, 교통 등의 분야에서 사용되는 AI가 이에 해당한다. 이러한 고영향 AI는 신뢰성 확보를 위한 의무를 부과받게 되며, 안전성 검증 등의 절차를 거쳐야 한다.

반면, 법 용어로 정의되지는 않았지만 고영향 AI에 반대되는 개념인 저영향 AI는 고영향 AI에 비해 상대적으로 위험도가 낮은 AI를 의미한다. AI 기본법은 저영향 AI에 대해서는 규제를 완화하여 산업 발전을 촉진하고자 하는 의도를 담고 있다.

AI 기본법의 시행으로 국내에서도 인공지능에 대한 법적 정의가 확립되었다. AI 기본법은 인공지능을 "학습, 추론, 지각, 판단, 언어 이해 등 인간이 가진 지적 능력을 전자적 방법으로 구현한 것"으로 정의한다. 하지만 인공지능 기술의 발전과 활용 영역 확대에 따라 고영향 AI와 저영향 AI를 어떻게 구분하고 규제할지는 앞으로 지속적인 논의가 필요하다. 특히, 물 관리 분야는 재난 및 먹는 물과 같이 민감한 영역을 포함하고 있어, AI의 영향력을 면밀히 검토하고 적절한 대응방안이 모색되어야 한다.

AI를 표현하는 추론, 지각, 판단이라는 용어가 마치 사람과 동등하거나 대체할 수 있는 것처럼 다소 거창해 보이지만, 그동안 사람의 지식과 경험 기반으로 이루어졌던 물 관리에 대한 과학적 분석이나 엔지니어링 기술은 지속적으로 발전해 왔으며, 이를 통해 판단(의사 결정)을 지원할 수 있는 추론(분석 결과를 도출함)이나 지각(변화나 이상 징후를 찾아냄)은 기술적으로 어느 정도 가능한 부분이었다. 단지 생성형 AI와 같이 공개 문서, 웹사이트 등 학습 가능한 거의 모든 자료를 기반으로 하여 빠르고 쉽게 결과를 보여준다는 것이 새로운 점이며, 이는 1990년대 월드와이드웹(World Wide Web)을 통해 사람의 대화와 서면으로 소통하던 방식을 온라인으로 전환하게 된 것과 개념적으로는 크게 다르지 않다.

다만, 금번 법제화를 계기로 하여 AI를 활용한 물 관리가 바람직한 방향으로 나아가기 위해서는 그간 미흡했을 수도 있는 방대한 물 관련 자료들(기상, 수문, 원격 탐사, 시설관리, 수질, 수 처리, 물 공급, 물 수요. 소셜 빅데이터를 포함한다)의 효율적이고 통합적인 활용을 위한 공유의 확대, 그리고 이를 위한 자료의 품질 관리 등이 보다 핵심이 될 것으로 보인다.

AI 물 관리 시스템에 대한 위협

2021년 2월, 미국 플로리다주 올즈마(Oldsmar) 정수장에서 발생한 해킹 사건은 자동화된 시스템에 대한 사이버 위해가 실체화된 중요한 사건이다. 해커는 정수장에서 쓰이는 수산화나트륨(NaOH)의 농도를 필요치의 100배 이상으로 높이려는 시도를 하였고, 이는 수 처리에 필요한 농도를 넘어 과도하게 인체에 흡수될 경우 피부 및 내부 장기에 심각한 손상을 일으킬 수 있는 부식성 화학물질이다. 다행히 발견되어 대형 피해를 막을 수 있었지만, 해커가 의도한 대로 수산화나트륨 농도가 과도하게 주입되었다면 수천 명 이상의 주민이 심각한 건강 문제를 겪었을 것이다. 이후 2023년 펜실베이니아에서 발생한 유사한 사이버 공격 사례와 함께 이 사건은 자동화와 원격 제어가 고도화되고 있는 물 관리 시스템이 추가적으로 직면할 수 있는 위협을 보여준다. 과거에는 상상하기 어려웠던 사이버 공격이 현실화됨에 따라 물 관리 시스템의 안전성을 확보하는 일이 무엇보다도 중요해졌다. 물 공급 시스템은 자동화된 네트워크에 크게 의존하여 해커의 표적이 되기 쉽고, 이를 통해서 인위적인 대규모 단수, 수질 오염, 주민 건강 피해 등이 야기될 수 있다. 따라서 물 관리 시스템의 안정성에 관련한 외부적 안전 위협과 내부적 데이터 무결성 문제라는 두 가지 관점에서 이 문제를 바라볼 수 있겠다.

물 관리 시스템은 외부 네트워크에 연결된 IoT 센서나 현장 측정 장비를 통해 데이터를 수집하기 때문에, 네트워크 장애가 발생하면 시스템에 문제가 생길 수 있다. 서버가 다운되거나 통신이 끊기면 실시간으로 데이터를 받아오지 못해서, AI가 제대로 학습하지 못하거나 예측을 정확하게 하지 못하는 문제가 발생한다. 예를 들어, 홍수 예측 시스템에서 갑자기 통신 장애로 데이터가 누락되면, AI는 수위 변화를 제대로 예측하지 못하고 홍수 경보를 늦게 발령할 수도 있다.

또한 물 관리 기관 내부의 서버나 네트워크에도 문제가 발생할 수 있다. 서버의 디스크가 고장 나거나 데이터베이스가 손상되면, 데이터가 유실되거나 AI 모델이 제대로 작동하지 않을 수 있다. 데이터를 수집하고 처리하는 과정은 여러 단계로 이루어져 있는데, 한 단계에서라도 오류가 발생하면 전체 시스템이 마비될 수 있다. 마치 도미노처럼 하나가 무너지면 연쇄적으로 문제가 발생하는 것이다. 또한, 여러 부서에서 같은 데이터를 따로 관리하다가 서로 다른 버전의 데이터가 생기면, 어떤 데이터가 맞는지 알 수 없게 되어 혼란이 발생할 수 있다.

AI 모델 자체도 완벽하지 않을 수 있다. 센서가 잘못된 값을 측정하거나, 데이터가 누락되거나, 사이버 공격으로 데이터가 조작되면, AI 모델은 잘못된 결과를 내놓을 수 있다. 예를 들어, 수질 예측 AI 모델이 오염 발생을 감지하지 못하거나, 수위 예측 AI 모델이 홍수 경보를 제때 발령하지 못할 여지는 상존한다. 이러한 문제를 해결하기 위해, 주기적으로 데이터를 백업하고, 센서가 제대로 작동하는지 확인하고, 데이터에 오류가 있는지 검사하고 수정하는 등의 기술 발전이 지속되고 있다. 이에 맞추어 물 데이터를 수집하고 관리하는 방식에도 주의를 기울여야 할 필요가 있다. 측정 주기, 장비 교정 시점, 데이터 형식 등을 표준화하지 않으면, 데이터가 중복되거나 누락되거나 잘못 측정되거나 비어 있는 경우가 발생할 수 있으므로 공공이나 민간, 국제기구를 막론하고 이에 대해서는 공유와 논의가 확산되어야 필요성이 있다고 생각된다.

AI를 다루는 사람의 역할

현시점에서 AI 물 관리 시스템은 의사 결정으로 인한 재난상의 책임이 뒤따를 수 있고, 여기에는 인간의 개입이 어느 정도 필요하다. 물론 이는 물 관리에만 해당되는 것은 아니다. 이를 두 가지로 나누어 정리할 수 있다. 첫 번째는 "Human-in-the-loop"의 개념이다. 이는 AI 시스템이 자동으로 의사 결정을 내리는 과정에서 인간이 직접 개입하거나 모니터링하여, 최종 결정이나 결과를 인간이 확인하고 수정·보완하는 방식을 말한다. 예를 들어 댐 운영 모델이 "방류량을 늘려야 한다"라고 제안했을 때, 현장 상황이나 사회·환경적 요소를 종합적으로 검토한 사람(전문가)이 해당 제안의 적정성을 최종 승인하거나 조정한다. 이처럼 인간의 개입을 통해 상황별로 달라질 수 있는 중요한 변수들을 놓치지 않고 반영할 수 있으며, 자동화된 알고리즘 결과가 곧바로 실행될 경우 향후 발생할 수 있는 위험을 방지한다.

다음은 앞 장에서도 다루었던 “Human Feedback” 개념이다. 이는 AI가 학습하거나 추론한 결과를 전문가나 사용자가 검토하면서 오류 또는 개선점을 지적하고, 이를 AI 모델에 다시 알려주는 과정을 의미한다. 예를 들어 수질 측정 데이터를 분석하던 AI가 특정 센서값에 오류를 범했을 때, 전문가가 “이 센서값은 오작동 가능성이 높으니 신뢰하지 말라”라는 피드백을 제공함으로써 모델이 학습 데이터나 추론 로직을 재조정할 수 있도록 돕는다. 물 관리에서 이러한 피드백 과정은 수질 감시, 댐 운영, 하천 생태계 유지 등과 밀접히 연결되어 있기 때문에, 현재의 물 관리는 자동화 결과에만 의존하기보다는 사람의 판단과 현장 전문지식이 결합된 하이브리드 방식으로 운영되는 것이 논의되고 있다.

물 관리 데이터의 편향 가능성

물 관리는 공평하고 공정해야 할 근원적 가치를 가지고 있고, 이에 대해서는 전 지구적 합의가 있는 것처럼 보이지만, 실제로는 그렇지 않은 경우가 많다(UN Water, 2013). 생성형 AI가 온라인 네트워크상의 데이터를 학습한 만큼, AI 활용 시에는 누구나 인식하듯 편향의 문제가 있을 수 있다. 가장 먼저 주목해야 할 것은 자료 원의 편중성이다. 현재 AI가 학습하는 데이터는 필연적으로 선진국과 대도시 중심으로 구축되어 있을 것으로 추정된다. 글로벌 자료의 확보를 위한 국제기구나 대형 연구기관의 노력과 함께, 빅테크 기업 등이 공유하는 글로벌 데이터 플랫폼 등을 통해 전 지구적 데이터 확보 여건은 개선될 것이다. 그러나 아직까지 AI 활용 측면에서는 개발도상국이나 최빈국의 현실과 맥락을 제대로 반영하지 못하는 한계가 있을 수 있다. 예를 들어 전 세계 하천 정보를 학습한 AI 모델이 고도화된 정수 처리 시설이나 관개 시스템만을 기준으로 삼게 되면, AI 지식은 기술적·재정적 인프라가 부족한 지역의 현실을 제대로 반영하지 못할 수도 있다.

도시와 농촌 간의 데이터 격차도 중요한 문제이다. 대도시의 상수도 운영, 산업용수, 댐 관리 사례는 풍부하게 수집되어 있지만, 농촌이나 산촌, 섬 지역의 소규모 급수체계나 전통적인 물 관리 방식에 대한 데이터는 상대적으로 부족하다. 이러한 상황에서 소형 취수원 운영에 대도시 기준의 모델을 적용하면 비용 증가만 초래하고 실질적인 효용은 오히려 저하되는 판단의 여지도 있는 것이다.

역사적 · 정치적 편향 역시 간과할 수 없는 문제이다. 국경을 관통하는 하천에서는 역사적으로 상류에 위치한 국가 혹은 소위 강대국이 더 많은 물을 활용할 수 있었던 사례가 많다. AI 모델이 이러한 사례들을 학습하게 되면 상류 국가가 우선이라는 것을 전제로 받아들일 수도 있다. 예컨대 댐 운영 최적화 알고리즘이 수량 조절권을 가진 상류 국가에 편향된 방식으로 설계될 수도 있는 것이다.

경제성과 효율성에 대한 과도한 강조도 심각한 편향을 야기할 수 있다. 대부분의 최적화 모델과 재무적 모델은 최소 비용에 최대 이익을 추구하는 방식으로 진행될 수밖에 없고, 이에 따라 주민의 건강권과 생존권 확보, 환경 보전 등의 가치는 상대적으로 경시될 수 있다. 예를 들어 취수장과 정수장 간소화를 통한 비용 절감 방안이 제시될 수 있으나, 이는 취약 지역의 수질 안전성을 하향시킬 수 있는 요소가 된다. 또한 해당 지역의 사회적, 문화적 중요성도 간과될 수 있다.

대규모 설비 건설에 편향된 데이터도 문제이다. 대형 댐이나 정수장 건설 사례가 데이터의 대부분을 차지한다면, AI는 규모의 경제를 지향하는 대규모 설비를 항상 최우선 대안으로 제시하게 된다. 그러나 실제로는 소규모 지역 맞춤형 저수지, 빗물 재이용 시설, 친환경 습지 조성 등이 더 효과적인 해결책이 되는 경우도 많다. 따라서 민간기업 주도의 물 관리 운영 등은 규모의 경제 측면에서는 성공 모델이 될 수 있지만, 이들이 제시하는 사례에 데이터가 치우치는 점은 경계해야 할 것이다.

참고문헌

이상욱(2024). 유네스코 이슈 브리프 2024년 제1호: 유네스코 「인공지능 윤리 권고」 이행을 위한 한국의 '준비도 평가' 및 '윤리 영향 평가' 대비 현황과 전망. 유네스코한국위원회. https://unesco.or.kr/241118_01/

Robles, F. & Perlroth, N.(2021). 'Dangerous stuff': Hackers tried to poison water supply of Florida town. *The New York Times*, https://www.nytimes.com/2021/02/08/us/oldsmar-florida-water-supply-hack.html

UNESCO(2012). *United Nations World Water Development Report 4: Managing water under uncertainty and risk.* UNESCO Publishing.

UN-Water(2013). UN-Water Annual Report 2013. https://www.unwater.org/publications/un-water-annual-report-2013/

09
AI의 불확실성과 데이터의 해석

확률론적 접근법은 기후변화로 인한 불확실성을 고려하여 물 관리 시스템의 효율성을 개선하는 데 효과적인 방법이 될 수 있다. AI를 활용한 데이터 예측의 결과를 사용자가 인지하고 적절한 평가 지표를 활용할 수 있어야 한다.

물 관리의 불확실성을 고려하기

기후 변화는 중장기적인 강우량이나 증발량 같은 물과 관련된 기본 변수를 변화시킨다. 기존에 축적된 데이터가 있다고 하더라도, 시간이 지남에 따라 평균이 변화하는 동적인 특성으로 인해 과거의 자료를 그대로 활용하는 관리 방식으로는 효과적으로 대처하기 어렵다. 데이터를 기반으로 하는 AI의 경우도 마찬가지로, 특히 홍수 같은, 일정한 주기성은 존재하지만 한 번에 큰 피해를 야기할 수 있는 물 재해의 사전적 대책을 마련하기 위해서는 확률적인 평가에 따르는 판단이 더욱 중요하다.

이처럼 불확실성이 증대되는 상황에서, 새로운 정보를 동적으로 통합하고 활용하는 것이 중요할 것이다. 베이지안 접근법은 새로운 데이터가 제공될 때마다 기존의 믿음, 즉 확률에 대한 이해를 업데이트할 수 있는 강력한 프레임워크를 제공함으로써 이러한 과제에 대한 효과적인 해결책을 제시한다. 여기서는 이러한 방법론을 활용하여 특정 지역의 홍수 가능성을 예측하는 실제 사례를 통해 이 개념을 조금 더 자세히 살펴보고자 한다.

우리는 특정 지역의 홍수 확률을 예측하는 것을 목표로 상황을 설정한다. 이를 위해 베이지안 추론이라는 통계적인 조건부 확률 방법론을 사용하며, 이 과정은 과거 데이터와 관측 정보를 결합하여 홍수 확률을 업데이트하는 방식으로 진행된다.

먼저, 사전 확률을 설정해야 한다. 과거 데이터에 따르면 이 지역에서 홍수가 발생할 확률은 5%(100년 중 5년은 홍수가 발생한 경우)로 나타났다고 하자. 즉, P(홍수)=0.05, P(홍수 아님)=0.95이다.

다음으로, 관측 정보(가능성)를 고려해야 한다. 홍수가 발생하는 상황에서 강의 수위가 크게 상승하는 경우의 확률은 80%[P(하천수위상승|홍수)=0.8]이고, 홍수가 발생한 조건이 아님에도 강의 수위가 상승하는 확률은 20%[P(하천수위상승|홍수 아님)=0.2]이다.

마지막으로, 새로운 증거를 확인한다. 관측 데이터에 따르면 강의 수위가 크게 상승한 것으로 확인되었다.

이 세 가지 정보를 바탕으로, 베이지안 접근법을 사용하여 홍수 확률을 다시 계산하게 된다. 과거 데이터 분석을 통해, 홍수가 발생했을 때 하천 수위가 크게 상승하는 경우가 많았다는 사실, 그 반면에, 수위는 상승했지만 홍수가 발생하지 않은 경우도 존재한다는 사실을 알 수 있다. 이처럼 관찰(하천 수위 상승)과 결과(홍수 발생) 사이의 관계를 이해하는 것이 중요하다. 상식적인 수준에서 추론하더라도 100년 중 5년의 빈도 수준으로 홍수가 발생하는 상황에서, 현재의 새로운 관찰인 하천의 수위가 크게 상승했다는 사실은 홍수 발생 가능성을 높이는 요인이므로, 홍수가 발생할 가능성은 초기 추정치인 5%보다 높은 확률이 된다. 물론, 이것은 홍수가 반드시 발생한다는 것을 의미하지는 않지만, 관찰에 의해서 위험이 크게 증가했다는 사실을 확인하게 되는 것이다.

본 사례에서 과거 데이터와 하천 수위 상승 관찰을 종합하여 분석하면, 수위가 상승한 사실에 대해서 이것이 홍수 상황일 확률이 업데이트되어, 홍수 위험은 약 17%로 사전 확률 대비 세 배 이상 증가한다. 이처럼 새로운 정보는 우리의 이해를 크게 변화시킬 수 있다. 초기에 주어진 과거 데이터에만 의존한다면 홍수 위험을 과소평가할 수 있다. 그러나 현재 관측치를 연결함으로써 베이지안 접근법은 보다 현실화되고, 시간에 대한 불확실성을 줄여 준 홍수 위험 평가를 가능하게 하며, 이를 응용하면 강수량, 하천 수위 등의 실시간 데이터를 사용하여 홍수 위험 예측을 동적으로 조정하고, 대피령 발령, 방재 시설 가동 등의 의사 결정에 활용할 수 있다. 또한, 가뭄, 수질 오염, 인프라 시설 고장 등 다른 물 관리 문제에도 유사한 접근 방식을 적용하여 위험을 예측하고 대비할 수도 있다. 나아가, 새로운 정보가 제공될 때마다 지속적으로 예측을 업데이트함으로써, 물 관리 의사 결정권자는 현재의 수집 정보 또는 예상되는 정보에 입각하여 판단력을 높이고, 개입 또는 대책의 우선순위를 정하며, 자원을 효과적으로 할당할 수 있다.

베이지안 접근법의 가장 큰 장점은 변화하는 상황에 대한 적응 능력을 통해 복잡하고 불확실한 환경 속에서 더 나은 의사 결정을 내릴 수 기회를 가질 수 있다는 것이다.

AI 예측 데이터 분석의 함정

AI는 물 관리 분야의 효율성을 높이고 재난 예방에 기여할 수 있는 강력한 도구이지만, 데이터 분석의 함정을 제대로 이해하고 이를 피하기 위한 기본 상식을 갖추고 있어야 한다. 우리는 정확도라는 단어에 익숙하다. 이것은 참값을 참값이라고 하거나 거짓을 거짓이라고 하여 전체 중에 올바르게 예측된 비율이다. 하지만 이것은 참값이 너무 많거나 적은 불균형 데이터의 경우, 정확도 지표만으로는 모델의 성능을 오해할 수 있다. 예를 들어, 1000개의 데이터 중 990개가 정상 수질이고 10개만 오염되었다고 가정해보자. 이때, 모든 데이터를 정상이라고 예측하는 모델은 99%의 정확도 지표로 표현되지만,

실제 오염된 수질을 전혀 감지하지 못하는 심각한 문제를 야기할 수 있다.

이를 보완하기 위한 지표로서 전통적인 통계에 기반한 정밀도(precision)와 재현율(recall)을 주로 사용한다. 정밀도는 양성으로 예측한 데이터 중 실제로 양성인 데이터의 비율이며, 재현율은 실제 양성인 데이터 중 양성으로 예측한 데이터의 비율이다. 수돗물 오염이나 홍수와 같은 재난 상황에서는 재현율이 매우 중요하다. 오염 발생이나 홍수를 놓치는 경우(2종 오류, False Negative) 그 피해가 막대하기 때문이다. 하지만 재현율에만 집중하여 과도하게 민감한 예측 모델을 구축하면, 실제 위험이 없는데도 약간의 위험이 있을 때마다 위험가능성을 간과하지 않기 위해 경보를 발령하는 경우(1종 오류, False Positive)가 빈번하게 발생할 수 있다. 이는 시민들의 불안감을 증폭할 수도 있으며 경보 시스템에 대한 신뢰도를 저하시켜, 결국 사회적인 '경보 피로'로 이어질 수 있다.

1년 내내 '홍수는 발생하지 않는다'라고만 예측하는 모델의 경우, 실제로는 홍수가 발생하지 않는 날이 대부분일 것이므로 정확도는 높게 나타나지만, 모델은 홍수가 발생하는 상황을 한 번도 잡아내지 못하므로 재현율은 0이 된다. 반대로, 만약 비가 올 가능성이 조금이라도 있을 때마다 홍수 경보를 발령한다면, 시민들은 잦은 경보에 무감각해져 실제 위험 상황 발생 시 적절히 대응하지 못할 수도 있다.

AI 모델 개발 과정에서 사용되는 학습이란 결국 모델의 예측값과 실젯값(또는 참값)의 오차(Error)를 줄여 가는 과정으로서, 오차를 평가할 지표를 적절하게 선택해야 한다. 예를 들어, 평균 절대 오차(MAE)는 평균 제곱근 오차(RMSE)에 비해 이상치에 덜 민감하게 반응한다는 장점이 있다. MAE는 오차의 절댓값을 평균 낸 값으로, 오차의 크기를 직관적으로 이해할 수 있도록 한다. 반면 RMSE는 오차의 제곱을 평균한 값에 제곱근(Root)을 씌운 것으로, 큰 오차에 더 큰 가중치를 부여한다. 홍수 수위의 예측의 경우, 최대의 수위가 제방을 넘느냐 넘지 않느냐가 가장 중요한 가치이므로 큰 오차가 발생하는 것을 지양해야 한다. 한편, 낮은 수위에서 발생하는 상대적으로 작은 오차는 덜 중요하다. 따라서 이런 경우에는 평균 절대 오차 지표보다는 평균 제곱근 오차 지표를 쓰는 것이 바람직하다. 실제로 재난 관련 AI 분석이나, 민감한 수질 예측의 경우에는 대부분 RMSE를 적용하고 있다.

예를 들어, 두 가지 경우를 생각해 보자. 경우 A에서는 실젯값과의 오차가 3건에 대해서 각각 1, 1, 1이고, 경우 B에서는 오차가 각각 0, 2, 1이라고 하자. 만약 MAE를 사용한다면, 각 경우의 오차를 절댓값으로 계산한 후 평균을 내기 때문에 두 경우 모두 결과가 1로 동일하다. 그러나 RMSE를 사용하면, 각 오차를 제곱한 값들의 평균을 구한 뒤, 이 값의 제곱근을 계산하기 때문에 큰 오차에 더 큰 영향을 받는다. 결과적으로, 경우 A는 상대적으로 작은 오차들로 이루어져 있어 RMSE값이 상대적으로 낮게(이 경우는 1로 MAE와 동일) 나타나지만, 경우 B는 큰 오차가 포함되어 있어 RMSE값이 더 높게(1.29) 계산된다. 이와 같은 특성 때문에, RMSE는 최대 수위와 같이 중요한 임곗값에서 큰 오차를 더 심각하게 평가해야 하는 경우에 적합한 지표로 사용된다.

참고로, RMSE를 쓰면 "홍수 수위 예측의 오차가 약 0.2m 정도 된다"라고 직관적으로 이해할 수 있다. 만약 우리에게 익숙한 오차 비율로 %를 알고 싶으면, 분모에 평균값을 넣어서 계산하면 된다. 예를 들어, 평균 홍수 수위가 2m이고 RMSE가 0.2m라면, 오차율은 (0.2/2) × 100%=10%로 계산할 수 있다.

결과적으로, 어떤 오류 지표를 선택할지는 자료 특성

과 목적에 따라 검토되어야 하며, 관련 당사자 모두가 이해해야 할 필요성이 있다.

참고문헌

나우영 · 유철상(2021). 베이지안 기법의 발전 및 수자원 분야에의 적용. ≪한국수자원학회논문집≫, 54(1), 1-13쪽

A. Castelletti, et al.(2007.). Bayesian networks and participatory modelling in water resource management. *Environmental Modelling & Software*, 22(8), pp.1075-1088.

10
AI와 물 관리의 미래상

생성형 AI나 검색 증강 기술 등은 물 관리 관련 지식을 통합 검색 · 정리하며 활용을 극대화한다. 멀티 AI 에이전트는 각기 전문화된 역할로 복잡한 의사 결정을 지원하고, 시뮬레이션 및 데이터 분석을 통해 복잡한 물 문제 해결을 가속화할 것이다. AI는 실시간 대응, 협력 촉진, 데이터 통합을 통해 효율성을 높이지만, 윤리적 판단과 최종 결정은 인간이 담당해야 한다. AI와 인간의 파트너십으로 지속 가능하고 공정한 물 관리가 가능해진다.

AI 기술 진화와 의사 결정 패러다임 변화

생성형 AI의 활용이 본격화되면서 인간이 생성한 많은 지식이 강력한 AI 시스템 속에 녹아들어 가 검색, 정리, 제공되는 시대가 도래했다. 더군다나, 검색증강생성(RAG, Retrieval Augmented Generation) 기술의 본격적인 등장으로 인해, 각 도메인 영역에서만 보관되었던 정보들을 보다 손쉽게 이용하고 활용하게 되었다. RAG 기술은 대규모 AI 언어 모델이 외부 또는 내부의 데이터베이스나 문서에서 정보를 검색, 이를 활용하여 질문에 답변하고 콘텐츠를 생성하는 기술이다. 즉, RAG는 마치 도서관 사서처럼 필요한 정보를 찾아주는 역할을 수행하며, 이는 물 관리 분야에서도 과거의 연구 자료, 정책 문서, 전문가 의견 등을 쉽게 찾아 활용할 수 있도록 돕는다.

다음 단계는 멀티 AI 에이전트(Agent) 방식이다. 특히, 이 방식은 의사 결정의 무게가 중대한 전투에서의 지휘 결정에 종종 비유된다. 왜냐하면, 최종 명령권자의 명령에 앞서 고급 장교들이 각자의 전문 주제를 갖고 최종 판단에 영향을 미칠 부분을 토론하여 의사 결정하는 방식과 유사하기 때문이다. 예를 들어, 정보 장교는 적군의 위치와 전력에 대한 정보를, 작전 장교는 아군의 병력 배치와 이동 경로에 대한 정보를, 군수 장교는 보급

현황과 장비 상태에 대한 정보를 제공하며, 이를 종합하여 최종 결정을 내리는 것과 같다. 마찬가지로 물 관리에서도 다양한 에이전트들이 각자의 역할을 수행하며 협력하여 최적의 의사 결정을 지원한다.

지금까지는 다수의 의견이 충돌할 때, 다기준(multiple-criteria) 의사 결정이라는 기법을 사용해 왔다. 이는 여러 목표를 동시에 달성해야 할 때, 각 목표의 중요도를 수치화하여 최적의 균형점을 찾는 방법이다. 예를 들어, 물 부족 상황에서 농업용수, 공업용수, 생활용수의 우선순위를 정할 때, 각 용수의 중요도를 점수로 매겨 가장 높은 점수를 얻는 방안을 선택하는 것이다. 멀티 AI Agent 방식은 이러한 다기준 의사 결정을 각 에이전트가 AI적으로 수행하는 것과 같다. 각 에이전트는 자신의 전문 분야에 대한 데이터를 분석하고, 다른 에이전트들과 정보를 교환하며, 최적의 솔루션을 찾기 위해 협력한다.

이러한 멀티 AI Agent 방식은 제품 생산의 공급망 관리에도 유용하며, 특히 다국가, 다지역, 다양한 이해당사자가 관련된 복잡한 물 관리 의사 결정에 더욱 효과적일 것이다. 다음의 이야기를 살펴보자.

2042년 A도시에는 극심한 가뭄이 일상에 긴 그림자를 드리

웠다. 저수지는 점점 말라가고 시민들은 물 한 방울 한 방울에 대한 갈망이 점점 커졌습니다. 농업과 산업이 모두 부진하고, 설상가상으로 외곽에 건설된 대규모 데이터 센터는 막대한 양의 물을 소비해 도시의 갈증을 가중시켰다. 엄격한 규정에 얽매인 기존 물 관리 시스템은 이 위기의 복잡하고 역동적인 성격을 해결할 수 없는 것으로 입증되었습니다. AI 기반 스마트 물 관리 시스템이라는 새로운 돌파구가 필요하다는 것은 분명했습니다.

하지만 단순히 AI를 도입하는 것만으로는 문제가 해결되지 않았습니다. 상황을 진정으로 변화시킨 것은 AI에 '생각하는 힘', 즉 상황을 판단하고 자율적으로 행동하는 능력을 부여한 것이었습니다. 이것이 에이전트 기반 AI가 등장한 배경이었습니다. 수십 또는 수백 명의 인간 전문가가 모여 가능한 최고의 솔루션을 지속적으로 논의하고 협상하는 것처럼 에이전트 기반 AI는 전체 시스템을 조정하기 위해 함께 작동하는 다양하고 전문화된 에이전트를 작동하여 최선의 의사 결정을 내립니다.

이 도시의 스마트 물 관리 시스템은 방대한 센서 네트워크를 통해 지속적으로 데이터를 수집하고 처리합니다. 저수지 수위, 강우 패턴, 강 유속, 지하수위, 가정 및 산업 시설의 소비 지표 등 이 모든 정보는 살아 있는 유기체의 신경계와 마찬가지로 실시간으로 시스템에 입력됩니다. 그런 다음 AI 알고리즘은 이러한 홍수 같은 정보를 분석하여 가뭄의 심각성과 기간을 평가하고 시간이 지남에 따라 물 부족이 어떻게 발생할 수 있는지 예측합니다. 과거 데이터, 일기예보, 사회 경제적 변수를 종합적으로 평가함으로써 이 AI는 미래의 과제를 예측할 수 있는 노련한 물 관리 전문가와 매우 유사하게 작동합니다.

이러한 예측적 통찰력으로 무장한 시스템의 다양한 에이전트는 고유한 역할을 수행하기 시작합니다. 지휘자의 지휘봉에 화답하는 오케스트라처럼 에이전트들은 원활하게 정보를 교환하고 협업하여 최적의 솔루션을 찾아냅니다. 즉, 물 분배 AI 에이전트는 농업, 산업 및 가정용 물 요구 사항의 우선순위를 정하고 필요할 때마다 사용량 제한을 부과할 수 있습니다. 수질관리 AI 에이전트는 강수량, 하천유량 데이터, 오염물질 배출량을 분석하여 오염 위험을 예측하고 수처리 운영을 최적화합니다. 데이터 센터 관리 AI 에이전트는 시설의 물 소비량을 모니터링하고 절수 기술을 배포하여 도시의 수자원에 대한 전반적인 부담을 줄입니다. 마찬가지로 중요한 것은 시민 커뮤니케이션 에이전트가 현재 물 부족에 대한 실시간 업데이트를 제공하고 물 배급 정책의 구현을 자세히 설명하며 물 절약 요령을 전파하여 모든 주민이 상황의 긴급성과 최선의 대응 방법을 이해할 수 있도록 보장합니다. (생성형 인공지능 지음).

생성형 AI를 통해 만들어낸 짧은 이야기이다. 여기서 묘사된 미래형 AI 에이전트들의 역할은 매우 효율적으로 보인다. 하지만 아무리 정교한 AI 시스템이라 하더라도 현실 세계의 모든 불확실성을 완벽하게 예측하고 통제할 수는 없다. 갑작스러운 폭풍우, 예측하지 못한 지진, 혹은 특별한 이벤트나 급격한 인구 변동으로 인한 물 사용량의 장단기적 변동 등은 AI의 예측 범위를 벗어날 수 있다.

이러한 불확실성에 조금이라도 더 대응하기 위해 AI 시스템은 끊임없이 학습하고 진화하게 될 것이다. 마치 경험 많은 전문가가 시행착오를 통해 성장하듯, AI도 새로운 데이터를 학습하고, 오류를 분석하고, 스스로를 개선하는 과정을 반복해야 한다.

그러나 잊지 말아야 할 것은, 현재 수준에서도 AI는 도구일 뿐 최종적인 결정은 인간이 내려야 한다는 사실이다. AI가 아무리 합리적인 판단을 내린다 하더라도, 그 판단이 윤리적, 사회적 가치와 상충될 수 있다. 생성형 AI가 만들어준 위의 글처럼, AI는 물 배급의 효율성만을 고려하여 특정 지역의 물 공급을 차단할 수도 있다. 하지만 그 지역에 병원이나 유치원처럼 재난에 취약한 계층이 많이 있다면 어떨까? 이러한 상황에서는 인간의 판단이 개입하여 사회적 형평성과 윤리적 기준을 고려한 결정을 내려야 할 경우가 많을 수 있다.

향후에도 AI 기반 스마트 물 관리 시스템은 AI와 인간의 파트너십을 통해 최적의 효과를 발휘할 수 있을 것이다. AI는 방대한 데이터를 분석, 최적의 솔루션을 제시하며, 인간은 AI의 판단을 감독하고, 필요에 따라 수정하여 최종 결정을 내리는 구조는 물 관리에서 매우 적절한 방식이다.

난제 극복을 위한 AI의 역할

저자는 특히 앞부분에서 물이라는 대상을 기준으로 한 물 관리의 과학적, 기술적 측면을 많이 다루었다. 그러나 넓게 보아 물 관리는 소위 사악한 문제(Wicked Problem)에 해당하는 것으로, 비근한 예로는 기후 변화, 빈곤, 식량 안보, 에너지 전환, 도시화, 질병, 이주, 교육 불평등 등이 있다(Rittel & Weber, 1973). 물론 위에 열거된 대부분의 문제에 대해 AI의 역할은 본질적으로 복잡하고 다면적이다. 단순한 해결책이 존재하지 않는 이들 문제의 해결이 점진적으로 강화될 것임은 분명하다. 앞서 다룬 논의들을 바탕으로 물 문제 해결을 위한 AI의 역할을 종합적으로 정리하자면 다음과 같다.

사악한 문제에는 우선순위가 다르고, 데이터 소스가 단편화되거나 충돌할 수밖에 없는 수많은 이해관계자가 존재한다. 이러한 맥락에서 AI는 분산된 데이터를 통합하고 기본 패턴을 식별하여 이러한 문제의 근본 원인을 밝혀내는 역할을 할 것이다. AI는 빅데이터 분석과 멀티모달 학습을 통해 텍스트, 이미지, 센서 판독값 등 다양한 데이터 형식을 통합하고 분석한다. 물 관리 시뮬레이션을 통한 의사 결정을 위해 AI는 자연적, 사회・경제적, 심지어 문화적 데이터를 의사 결정을 위한 통합화된 형태로 변환하고, 그동안 밝혀지지 않았거나 의미를 파악하기 힘들었던, 혹은 사람의 분석만으로는 시간이 오래 걸렸던 패턴을 밝혀낼 수 있다. 단백질 구조를 밝히기 위한 전통적 영역에서의 엄청난 노력이 AI 시대에는 상당히 해소되고 있는 것과 흡사하다.

데이터 통합성 외에도 AI는 복잡한 시뮬레이션을 기반으로 하는 시나리오 분석을 가능하게 하는 강점이 있다. 사악한 문제에는 여러 시나리오와 장기적인 영향을 고려해야 하고, 단일 해법이 있는 경우는 매우 드물다.

강화 학습이나 디지털 트윈 같은 AI 기반 시뮬레이션 모델을 사용하면 다양한 정책과 전략을 가상으로 한 많은 실험을 할 수 있고, 이해관계자와 정책 입안자에게 자료를 제공할 수 있다. 또한, AI는 가장 어려운 측면 중 하나인, 우선순위가 다른 이해관계자들 사이의 상충을 방지하고 합의를 도모한다. AI는 자연어 처리(NLP, Natural Language Processing)를 통해 대규모 회의 기록, 문서, 여론을 객관적으로 분석하여 핵심 문제를 추출하고, 합의 영역을 파악할 수 있다. AI 기반 협상 도구는 타협을 모델링하고, 분쟁을 중재함으로써 공정한 의사 결정 프로세스를 지원할 수 있다. 예를 들어, 도시간 물 공급에 대한 협상 중에 AI는 공유 목표에 부합하는 균형 잡힌 솔루션을 생성하여 상충되는 이해관계를 조정하는 데 도움을 줄 수 있다.

AI는 실시간 대응 및 개입에 필요한 적응성을 제공한다. AI로 구동되는 적응형 시스템은 실시간 데이터와 학습된 알고리즘을 활용하여 즉석에서 전략을 조정할 수 있다. IoT와 통합되면 AI를 통해 스마트 센서 네트워크가 배수 네트워크와 같은 시스템을 지속적으로 모니터링하고 최적화할 수 있다. 심각한 물 부족에 직면한 지역에서 이러한 AI 기반 시스템은 누수를 감지하고 자원을 효율적으로 관리하여 공평한 분배를 보장하고 낭비를 최소화할 수 있다.

윤리적 고려와 공정성의 영역에서 AI는 문제에 대한 해결책을 포괄적이고 공정하게 도출할 수 있도록 진화해야 한다. 지속적으로 연구되고 있는 설명가능한 AI(XAI, Explainable AI) 기술은 AI가 가진 결과 도출 중심의 블랙박스적인 특성을 완화하고 해소하기 위한 것으로서, AI 의사 결정 프로세스를 명확하게 하고, 이해관계자 간의 신뢰를 조성하여 투명성을 강화할 수 있다. 또한, AI 학습에서 주류 중심의 데이터 편향을 최소화함으로써, AI가 추론하는 결과가 가급적 다양한 사회 집단의 요구를 반영하여 체계적 불평등을 해결할 수 있어야 할 것이다. 예를 들어, 물 복지 정책 설계에서 AI는 자원 할당 계획이 효율성과 동시에 공평하고 효과적인지 확인하여 기존의 격차를 지속시키지 않고 소외된 인구에게 혜택을 줄 수 있다.

대중의 인식과 참여는 심각한 문제를 해결하는 데 매우 중요하며, AI는 복잡한 데이터에 더 쉽게 접근할 수 있도록 함으로써 긍정적인 측면을 강화할 수 있다. AI로 구동되는 맞춤형 교육 플랫폼은 개인에게 맞춤형 콘텐츠를 제공하여 문제 해결 노력에 기여할 수 있도록 지원한다. 또한 AI 기반 시각화 도구는 복잡한 데이터들에 대한 사람의 이해도를 향상하고 집단행동에 통찰력을 주는 직관적인 대화형 형식으로 변환할 수 있다. 예를 들어, 도시의 물 흐름을 시각화하는 플랫폼은 과학적 분석과 대중 참여 사이의 격차를 해소하여 지역 사회가 의미 있는 조치를 취하도록 동기를 부여할 수 있을 것이다.

물과 물로부터 파생되는 가치를 향유하고, 이를 지속 가능하게 하기 위한 노력을 통해 세대 간, 세대 내 그리고 나아가 지구상에 존재하는 모든 생명체에 대한 공평성과 정의를 실천하는 데 AI를 선용할 수 있는 사회적 준비가 어느 때보다 중요한 시기가 되었다.

참고문헌

Haider S., et al.(2024). The role of artificial intelligence (AI) and Chatgpt in water resources, including its potential benefits and associated challenges. *Discovery Water*, 4(113), https://link.springer.com/article/10.1007/s43832-024-00173-y

OpenAI(2025). ChatGPT-4o(Jan 2025 version) [Large language model]. https://chat.openai.com/

Rittel, Horst WJ & Webber, Melvin M.(1973). Dilemmas in a General Theory of Planning. *Policy Sciences*, 4(2), pp.155-169. https://link.springer.com/article/10.1007/BF01405730(S2C ID: 18634229)

김성훈

한성과학고등학교를 졸업하고, KAIST에서 건설환경공학 학사 과정을 이수했다. 동 대학원에서 슈퍼컴퓨팅 기반 수자원 관리와 환경공학 시뮬레이션 연구로 석사 및 박사 학위를 받았다. KAIST와 충남대학교 토목공학과 겸임교수(2011~2019)를 역임했으며, 미국 애리조나주립대학교(Arizona State University) 연구원으로 지역 물 부족 문제 해결을 위한 연구를 수행한 바 있다. 행정안전부 기후재난 대응 전문가 협의체 민간 위원 및 환경부 물 관리 디지털 트윈 기획 자문위원으로 활동했다. 국토안전관리원, 국가건설기준센터 관련 위원 및 다수의 건설·재해영향평가 심의위원으로도 활동 중이다. 현재 한국수자원공사 연구원 AI연구센터장으로 재직 중이며, 한국수자원학회 AI응용연구분과장 및 과학기술정보통신부 국가전략기술 인공지능 분과 위원직을 맡고 있다. 수자원 공학 및 수질 관리, 물 관리 인프라 안전 문제 등에 AI를 접목하는 연구 활동을 활발히 수행하고 있다.